JN101563

感じてひらく
子どもの「かがく」

溝邊和成
［編著］
岩本哲也・坂田紘子・流田絵美・平川晃基
［著］

ミネルヴァ書房

刊行によせて

科学は言葉で表現されます。言葉は一定の客観性をもつため、多くの人々に共通のイメージを伝えることに役立ちます。個々のイメージは、個々人の主観的な体験に支えられています。そして、体験は、一人一人が「感じる」ことに根差しています。本書は、子どもが科学をつくるという営みと子どもが「感じる」という感覚との「あいだ」を、丁寧に具体的に解き明かそうとしたものです。「科学」が言葉の世界のみで独り歩きしがちな中、身体や感覚との関係性で捉えなおしてみようという試みは、一つの新しい提案であると思います。

日置光久（学校法人 希望が丘学園）

本書を読んで私が感じたことは、身の回りには「不思議がいっぱい！」「もっと知りたい！」というワクワクした思いです。その思いは、乳幼児が新奇なモノと出会って、「じっと見入る」という行為に近いものかもしれません。幼児教育の本質は、本物と触れ合う体験の中で、「感じる」「気付く」「考える」を重ねて、そのモノとの関わりを深め、自らの生きる世界を広げていくことです。本書が提案する「諸感覚を大切にした学びの在り方：SeDL」を基に、保育者自身の感性を磨き、幼児教育の質向上を目指していきたいものです。

神長美津子（國學院大學名誉教授 / 大阪総合保育大学特任教授）

ふと、甘い香りを感じた。クチナシだった。それをきっかけに私は、他の植物は香りを出しているのか？　クチナシの香りの基になる物質は何か？　と思いを巡らせている。「香り」が探究のスタートであった。そして、花の香りに触れるたびに、あの時の風景が蘇る。

授業でICT端末が道具として使われるようになったからこそ、「諸感覚」はもっと重視されなければいけない。子どもだけではない。私たち大人も「諸感覚」から探究を始めてみたい。本書は、そのきっかけで溢れている。

鳴川哲也（福島大学人間発達文化学類）

はじめに

私たち大人もそうですが、子どもたちは、新しい事物・現象に出くわしたとき、どのような反応を示すのでしょうか。どんな行為・行動を取って対応し、理解しようとするのでしょうか。こういった素朴な疑問が、本書執筆の出発点といえます。特に、教育・保育の営みや子どもの学び・育ちの面から、「感覚器による環境把握」をどう理解し、またそれをどう活用すればよいかを知りたいという欲求が強くありました。本書は、そうした意識下から、「感覚」を一つの問いの窓口として、教育実践志向型の基礎研究をもとに書きまとめたものです。

ご承知のように、人が持つ外界に関する情報は、「五感」といわれるように、複数の感覚受容器（目、耳、鼻、舌、皮膚）等によって得られています。その様相（modality：モダリティ）の違いから、視覚をはじめ、聴覚、嗅覚、味覚、皮膚感覚（温覚、冷覚、触覚、痛覚などを含む）、さらに自己受容感覚（運動感覚、平衡感覚、内臓感覚などを含む）に分類されるケースが見られます。それぞれの感覚モダリティには、特有のものがありますが、わたしたちは、いつも一つに限定した感覚モダリティによって物を感じているのでもないようです。例えば、目の前の荷物を運ぼうとする際には、大きさ・形・重さといった視覚や触覚が用いられ、テレビを観る時は、映像とともに音を楽しむために視覚と聴覚を使い、食事の時間では、食品の重さや硬さ、ボリューム、咀嚼音や味、温度感を確かめている姿が見られます。このように日常生活では、複数の感覚を用いて対象認識が進むマルチモーダル（Multimodal）な情報処理があまり意識されることなく、行われていることが多くあります。あるいは、腹話術効果（Ventriloquism effect）や同じ大きさ・重さにもかかわらず色が異なると重さが違って感じるといったように、ある感覚情報が他の感覚情報に影響するクロスモーダル効果（Cross-modal effect）を経験されていることもあるでしょう。

こうしたことを理解する一方で、子どもたちが、身の回りの事物・現象を捉えようとしているとき、いつ、どのような感覚をどのように働かせているのだろうか。繰り返す行動は複数の感覚に依拠するのか、しないのか。どの感覚とどの感覚を統合・吸収あるいは却下させ、自らの理解の成果、経験としているのか。また、どの子どもも同様のパターンが生じているのか。そして、それらが具体的な日々の授業にどう活かされるのか、活かす術（すべ）として何をどのようにしていけばよいのか。…と、やはり関心事である「教育・保育」の実践に向けた回答が欲しくなってきます。そこで、わたしたちは、「子どもの諸感覚を大切にした学びのあり方を考える」というコンセプトを強調して、「感覚主導学習（Sensory-driven Learning：SeDL）」と命名し、取り組むことにしました。「諸感覚」を意識した実践的な指導のあり方を研究するという点では、ユニークではないかと思います。まだ一般化されてはいませんが、多くの教育実践研究を重ねていくことで、その成果・課題も明らかとなり、確かなSeDL実践理論が構築されるのではないかと期待しております。

読者対象として、教育現場並びに教育実践研究に関係する方々をイメージしています。

したがって、日常生活の中で見られる子どもの様相と照らし合わせながら、本書で示した筆者らの疑問とともに試みた結果について、ともに考え、味わっていただければ幸いです。特に、子どもの「かがく」する心が芽生える点を意識し、「感覚」を重視する手がかり・きっかけをつかみ、実践・研究両面において、その試行意欲が高まっていくことを期待しています。そして、その後において、子どもの「かがく」する心が育つための「諸感覚」を大切にした学びのあり方をともに語り合い、高めていくことを希望する次第です。本書との出会いによって、皆様の関心が集まり、お声が少しでも広がり、交流の機会が増えることを心より願っております。

なお、編集におきましては、「諸感覚」にかかる「かがく」が芽生える「アプローチ」として、3つの章（第1章「植物」、第2章「音」「日光」「磁石」、第3章「水」「土・石」）としました。各章内では、関連学会での実践的研究の発表内容に基づき、4ないし5編にまとめています。それぞれの終わりには、「試みたい活動」として関連する実践アイデアを複数配置しております。そこでは、ねらい、準備、手順、ポイントに加え、「おすすめ度、難易度、ワクワク度」（A：3～4歳児、B：5～8歳児 C：9～12歳児）を示していますので、実践の目安にしていただければと考えております。また、「工夫あれこれ」の項目では、より工夫を凝らしたアイデアや発展的な活動を挙げていますので、活動充実のヒントにしていただくことも可能です。

各章末に記載するコラムは、諸感覚にまつわる調査や情報をコンパクトにまとめ、関連知識として用意しています。さらに、深く探究されたい方に向けて、参考図書等の紹介もしております。適宜ご利用いただければ幸いです。

最後になりましたが、ご多忙の中、本書編集に関わっていただきました浅井久仁人氏に心よりお礼申し上げます。ありがとうございました。

2024年1月吉日

編著者　溝邊和成

感じてひらく 子どもの「かがく」 **目 次**

刊行によせて
はじめに

第1章 アプローチ1 「植物」

1 果実を感じ分ける……3
試みたい活動 ① ブドウジュースにしちゃえ……8
試みたい活動 ② 必ず見つけるよ お気に入りミニトマト……9
試みたい活動 ③ ドングリの○○くらべ……10
2 「葉っぱ」へ思いを寄せる……11
試みたい活動 ① オノマトペ大集合……17
試みたい活動 ② 葉っぱ No.1決定戦……18
3 植物をどのように観察しますか？……19
試みたい活動 ① あなたならどの感覚から攻める？……25
試みたい活動 ② 草花はどこから匂うの？……26
4 「落ち葉」をどう表現する？……27
試みたい活動 ① Your 葉っぱ……32
試みたい活動 ② ～のようなもの集め……33
コラム 「諸感覚」の話 1……34

第2章 アプローチ2 「音」「日光」「磁石」

1 こんなとき、音はどうなるの？……39
試みたい活動 ① 音ってなあに……48
試みたい活動 ② 雨が降ったら、ミュージックスタート！……49
試みたい活動 ③ 水溶液を叩くと音が変化⁉……50
2 目に見えない「音」を表現……51
試みたい活動 ① 音当てクイズ……57
試みたい活動 ② 体を使って出せる音……58
3 日なたと日陰の地面はどう違う？……59
試みたい活動 ① 影で形を作ってみよう……64
試みたい活動 ② 光にかざして……65
4 暖かさを見てみよう……66
試みたい活動 ① 日光で水を温めよう……71
試みたい活動 ② I'm 温度センサー……72

5　異学年集団でも磁石は魅力的!? ……73
試みたい活動 ①　1テスラの手ごたえ……79
試みたい活動 ②　どうなるの？　磁石を温めると、あれ?! ……80
コラム　「諸感覚」の話　2 ……81

第3章　アプローチ3「水」「土・石」

1　温度が変わると水はどう変わる？ ……87
試みたい活動 ①　BEST TEA は？ ……93
試みたい活動 ②　どれが温かそう？ ……94
試みたい活動 ③　色水遊び……95
2　年齢によって、土と水に働きかける姿は変わるの？ ……96
試みたい活動 ①　最強の土柱は!? ……102
試みたい活動 ②　一押し！　わたしダンゴをつくろう ……103
3　土、砂、泥、粘土の違いって？ ……104
試みたい活動 ①　サラサラな砂をつくろう ……111
試みたい活動 ②　土の鑑定士になろう ……112
4　石への接近術……113
試みたい活動 ①　石を～順に並べよう ……117
試みたい活動 ②　石が○○に!? ……118
コラム　「諸感覚」の話　3 ……119

SeDL（感覚主導学習）のために参考にしたい図書紹介……123

第1章

アプローチ　1　「植物」

1　果実を感じ分ける

はじめに

「諸感覚を働かせた自然理解」の調査の一環として、諸感覚を活用した果実の捉え方を調べました。馴染みのある果実を対象物として取り上げ、その観察の様子を分析し、どのような探究が始まるのかを明らかにすることを目的としました。

〈研究事例〉

■方　法

小学校３・４年生の子ども５名を対象に行いました。調査用の場面（活動の流れ）として子ども一人一人に対し、以下のような設定を行いました（１場面：5分程度）。

① My ミカン*を１つ渡し、観察させる。

② My ミカンを他の５つのミカンと混ぜて並べ、その中から My ミカンを選び出し、その際に根拠となったことを確認する。

③ 他のミカンと比べることで、My ミカンに対して増えた特徴を問う。

④ My ミカンについて、これからどのようなことを知りたいかを問う。

＊ My ミカン：ここでは、調査で用いたミカンのうち、子ども一人一人に配った個人用のものを称している。

■ My ミカン（１つ）を観察

図１のように子どもが My ミカンを観察している様子を分析した結果、匂いを嗅いだり、音を聴いたりして観察する様子はなく、視覚と触覚のみの観察でした。表１は、活用した諸感覚ごとにその内容を分類して時系列でまとめた結果です。

表１からもわかるように、５名が観察で捉えた内容22個のうち、15個は視覚を活用して捉えた内容でした。観察スタート時には、５名中４名（A、B、C、E 児）の子どもが視覚を活用し、５名中３名（A、B、C 児）は、「果梗枝（以降、ヘタ）」に注目していたことがわかります。D、E 児もやや遅れるものの、「ヘタ」を取り上げ、確認していることがわかります。

図１　My ミカンを観察する様子

A、B、C 児は、「ヘタ」に注目した後、

A児は「果頂部が凹んでいる（形状）」、B児は、「全体に同じ色（色彩）」、C児「ぶつぶつがある（模様）」へと視点が変化していることがわかります。また、その後にA児は、視覚・触覚を活用して「丸い点がある（模様）」へと移りますが、B児は触覚を使って「ざらざら」を見つけ出しています。C児においては「果頂部に点がある（模様）」が続き、その後一旦、触覚を活用した「ちくちくする」を捉えますが、「側面に大きな点がある（模様）」に引き寄せられています。

表1 My ミカン観察時の諸感覚

子ども	感覚	観察開始		観察半ば			観察終了前	
A児	視覚	果梗枝が短く尖っている(形状)①	果頂部が凹んでいる(形状)	丸い点がある(模様)②				
	触覚			丸い点がある(模様)②				
B児	視覚	果梗枝がまっすぐ（形状）①	全体的に同じ色(色彩)①					
	触覚			ざらざら(手触り)				
C児	視覚	果梗枝が短い(形状)②	ぶつぶつがある(模様)	果頂部に点がある（模様）		側面に大きな点がある(模様）①		
	触覚				ちくちくする(手触り)			
D児	視覚		果梗枝が長い（形状）				黒い点がある(模様)②	下には黒い点がない（模様）③
	触覚	つるつる(手触り)①		転がる（形状）	重い(重量)	ざらざら(手触り)		
E児	視覚	丸い(形状)	黒い点がある(模様)②	果梗枝の横が出ている(形状）①				
	触覚							

※丸数字はMy ミカンを選び出す際に根拠として挙げた順。

E児は、終始視覚優位で「丸い（形状）」から「黒い点がある（色彩・模様）」、さらに「ヘタの横が出ている（形状）」へ進んでいることがわかります。

D児は、観察スタート時から触覚の活用で「つるつる」を導き出し、その後に視覚による「ヘタが長い（形状）」を捉えるものの、触覚優位に「転がる」「重い」「ざらざら」を確認しています。しかし、それに留まらないで、再度視覚を活用し「黒い点がある」や「下には黒い点がない」などの模様に着目していることがわかりました。

以上の結果から、果実を観察する際には、視覚を活用から始まる傾向があり、諸感覚の中でも視覚が対象物を捉える中心とされているということがいえます。触覚も活用されていますが、その活用のされ方、つまり併用のタイミング等については、子どもによって様々であったことから、一定の決まりは見出されなかったといえます。

■My ミカンと5つのミカンの中から My ミカンを選び、根拠を確認

図2のように他のミカンと混ぜて並べ、6つのミカンから My ミカンを選び出す際に、根拠として挙げた内容は、表1の中の丸数字で表しました。丸数字の順が、根拠として挙げた順となっています。その結果から、次のような点が理解されます。

図2　My ミカンを選び出す様子

A児とD児以外は視覚で捉えたことのみを想起して確かめている点、根拠として挙がった11個の内容のうち9個が視覚で捉えた内容であったことから、視覚優位に働いていたことがわかります。さらに形状、模様を根拠として確かめた子どもはいずれも4名であり、弁別の基準として扱いやすかったことが推察されます。

A児が、調査場面①の最初に捉えた「ヘタ」に「丸い点」を加えたのに対し、B児は、同じように「ヘタ」に注目したものの、それのみで完結しています。また、C、E児は、調査場面①で最後に捉えた内容を初めに活用していますが、その前に観察していた内容も補足として活用しています。D児も同様に、初めに捉えた「つるつる（触覚）」の活用から始まり、補足的に視覚情報「黒い点がある」「下には黒い点がない」を持ち出して、比較していることがわかりました。

このような点は、一つの項目が My ミカンの特徴を表している場合は、それのみの判定で分別が終了できるものの、他との区別が難しい場合に、追加情報を持ち出していると考えられます。ただ、活用する内容の順は、調査場面①で得られた順ではなく、全ての中から最も区別しやすい内容を選択して活用していると推察されます。

■他のミカンと比べることで、My ミカンに対して増えた特徴

調査場面②の際に他のミカンと混ぜて並べることで、5名のうち3名（B、D、E児）が My ミカンに対して新たな特徴の発見に至りました。その発見の際に活用した諸感覚及び発言内容は、表2の通りです。

表2　諸感覚活用とその内容（新たな特徴発見時）

子ども	視覚	触覚	内　容
B児	○		ヘタが少ししか出てこない　果頂部がくぼんでいる
D児	○	○	ヘタの周りが斜めではない
E児	○		白い点がない　オレンジ色が濃い　ヘタが丸い

表2が示すように、3名の子どもが新たに発見した内容は、視覚によって得られる「形

状」「色彩」「模様」に関することでした。B児は、調査場面①②においても注目していた「ヘタ」における新たな発見とともに果頂部への視点移動がなされていました。D児が捉えた内容は「ヘタの周りが斜めではない」というように「形状」に関することでしたが、単に視覚による結果ではなく、他のミカンにも触れながら確かめていたことから、視覚と触覚による統合的な結論といえます。E児については、ヘタの形状、白い点の有無や色の濃さなどを発見していましたが、調査場面①における観察の際に得られた「形状」「色彩」「模様」の全てに付加した発見でした。

これらのことより、分析1と同様に視覚を優位に働かせて対象物を捉え直していることが明らかになりました。その際には、調査場面①で着目した視点を出発点とした視点移動や活用した視点全ての確認がなされるパターンが確認できました。さらに、視覚と触覚の情報を統合させて発見に至るケースもあることがわかりました。これらのことから、視覚内の多様化と視覚・聴覚の感覚間統合による内容生成の可能性を見出したといえます。

■ Myミカンについて、もっと知りたいこと

今回の調査で用いた対象物：果実（ミカン）に対して、今後探究したい内容を明確に挙げた子どもは、5名中2名（B、C児）でした。

B児は「なぜザラザラしているのか、他のミカンと比べたい。」という触覚を働かせて調べることを提示しました。B児は調査場面①の観察時では、視覚から入り、触覚を働かせて「ザラザラしている」という手触りを表現したところに留まって観察を終えています。調査場面④では「いつも見るミカンは、つるつるだ。」との発言後に追究したい課題提示に至っています。これまでのミカンに対する概念とのズレが生じたことから、さらにその点に着目して検討したいという思いが読み取れます。

C児が知りたいことは、「ジュースにしたら、どんな味になるか」という味覚を働かせて調べることであり、「おいしいジュースになりそう」という想像を膨らませた理由を添えていました。ミカンという果実に対し、これまでの自分自身の経験とつなぎ合わせ、今回の観察時にできなかった味覚を働かせてみたいという思いが読み取れました。

これらのことから、子どもの中で新しい問いが生まれるときには、諸感覚を通して得られた事実の把握とこれまでの経験や既存の知識と結び付けて思考していることがわかります。すなわち、諸感覚で得られたことに触発されて、さらに深く検証したり、認識・概念の相違を確かめたりしたいという思いから、探究が始まる傾向があることが推察されます。また、観察時には視覚優位で進行していたものの、新たな問題を見いだす際には視覚から始まる問題では、見られなかったことも興味を持って取り組みたいという追究内容

図3　新たな問いをもつ子ども

に幅も認められました。その点では、単一の感覚ではない諸感覚の活用が探究活動の前提となっていくと考えられます。

ま と め

「My ミカン（1つ）を観察」より、果実観察をする際、主に視覚を優位に働かせて模様や形について観察する傾向があることが明らかになりました。「My ミカンと5つのミカンの中から My ミカンを選び、根拠を確認」からは、観察した果実を再び選び出す際には、観察開始からすぐに捉えた内容を根拠として挙げて確かめていることが多いことや、その順番にとらわれず、追加情報を用いて確認することがわかりました。「他のミカンと比べることで、My ミカンに対して増えた特徴」においては、新しい発見は、感覚内での多様化や感覚間統合による生成が起きることがいえました。「My ミカンについて、もっと知りたいこと」で確認できたことは、問いが生まれるときには、諸感覚で得られたことに触発され、これまでの経験や既存の知識と結び付けて思考し、さらに深く検証したり、認識の違いを確かめたりしたいという思いが生じたことでした。

〈資料等〉

坂田紘子・溝邊和成・岩本哲也・流田絵美・平川晃基・佐竹利仁（2020）諸感覚を働かせた自然理解について ～小学校中学年児童の果実観察より～、日本科学教育学会研究会研究報告 34(10)、33-36.

試みたい活動 ①

ブドウジュースにしちゃえ

買い物をするとき、食材をじっくり観察して購入しませんか？　食材の色や重さを確かめたりして、どのような味かを予想することもあるかと思います。まさに、複数の感覚を働かせている瞬間です。このような活動を幼児期・児童期から行うのはいかがでしょうか。

ねらい　「視覚」「触覚」「嗅覚」「味覚」を主に働かせたブドウの観察を行うことができる。

準　備　様々な品種のブドウ、ミキサー、透明コップ、ペン

手　順　① 様々な品種のブドウを視覚、触覚、嗅覚を働かせながら、観察する。
② 観察したことを基に、それぞれの味を予想する。
③ ブドウをミキサーにかけ、ブドウジュースにする。透明コップに入れ、番号を付ける。
④ ブドウジュースの色、においから、どのブドウのブドウジュースか理由を付けて予想する。
⑤ 答え合わせをする。

ポイント

- 必ず事前に、ブドウアレルギーの児童がいないか確認しましょう。
- 納得するまで、正解するまで何回でもチャレンジします。回数を重ねることで、視覚、触覚、嗅覚、味覚を統合させながら観察することにつながります。
- 答え合わせをする前に「色で味が違う」「固いブドウはすっぱい」「ずっしりしているブドウは甘い」「においと味はだいたい同じ」など、立てた予想について話し合いましょう。

工夫あれこれ

- ブドウジュース店のメニュー作り…それぞれのジュースにブドウの原産地や収穫時期に加え、オリジナルキャラクターマップ（色、硬さ、匂い、味）を付けます。
- 他の果物もジュースにして確かめましょう。多くの種類が入手しやすいミカン、オレンジなどがおすすめです。また、野菜ジュースのシリーズにチャレンジすることも面白いです。ただし、アレルギーなどには十分注意しましょう。

試みたい活動 ②

必ず見つけるよ お気に入りミニトマト

幼児期・児童期にミニトマトを栽培することが多いと思います。ミニトマトは、幼児・児童にとって身近な植物です。収穫したミニトマトの実をよく観察してみましょう。色、形、大きさ、重さ、味が微妙に違います。たくさんある実の中から、諸感覚を働かせながら、自分のお気に入りのミニトマトを探してみるのはいかがでしょうか。

ねらい　大きさ、形、色、表面の触り心地、重さ、匂いといった観点で、視覚と触覚、視覚と嗅覚など複数の感覚を統合させながら、ミニトマトを観察することができる。

準　備　ミニトマトの実、筆記用具

手　順　① 複数個のミニトマトの実から、お気に入りミニトマトを選ぶ。
② お気に入りミニトマトの特徴をメモする。
③ 友だちに、お気に入りミニトマトを渡し、複数個のミニトマトと混ぜてもらう。
友だちは、渡されたミニトマト（答え）がどれか覚えておく。
④ 複数個の中から、渡されたミニトマトを選び、選んだ理由を説明する。
⑤ 友だちに答えを聞く。

ポイント　答え合わせの方法がポイントです。上記のように、友だちに問題を出してもらうようにします。上記の手順の他にも、手順②の後に、③「お気に入りミニトマト」の特徴を友だちにも書き出してもらう、④自分の書き出した特徴と友だちの書き出した特徴を比べる、といった活動も考えられます。最後に「お気に入りミニトマト」を食べて、味を表現してみましょう。

おすすめ度Ａ★★Ｂ★★★Ｃ★★★ 難易度Ａ★★Ｂ★Ｃ★ ワクワク度Ａ★★Ｂ★★★Ｃ★★★

工夫あれこれ

● ミニトマト以外に、イチゴ、ミカンなどでも可能な活動です。「迷子ちゃん、発見！」「捜索承ります」などの活動名によって、より面白くなりそうです。また、石や草花、動物にも当てはめて、チャレンジできそうですね。

試みたい活動 ③

ドングリの○○くらべ

「どんぐりころころ、どんぶりこ♪」 幼児期・児童期の子どもにとって「ドングリ」はとても親しみのある植物ですね。どこかで一度は遊んだことのある「遊び道具」ではないでしょうか。さあ、どんな「くらべっこ」ができるかな。持ち寄ったドングリからいろいろなアイデアを出し合って、比べてみましょう。

ねらい　大きさ、形、色、表面の触り心地、重さ、匂い、味などの観点から、それぞれのドングリを特徴を捉えることができる。

準　備　ドングリ、分類用パレット、ビニル袋、調理器具　など

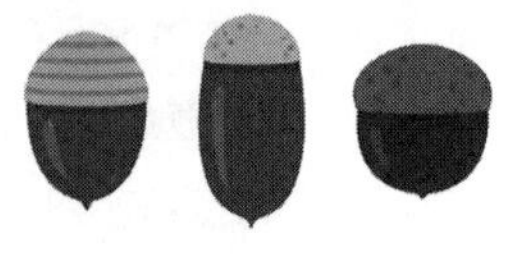

手　順　① 集めてきたドングリを、視覚（大きさ、形、色、模様など）、触覚（表面に触れた感じ、重さ）を使って分類する。

② 集めてきたドングリを嗅覚（匂い）、聴覚（床に落ちた音など）を使って分類する。

③ 集めてきたドングリを、味覚（調理して試食）を使って分類する。

④ 観点ごとにまとめたものを報告会で発表し、情報交流をする。

ポイント　事前に子どもたちが集めてくると予想するドングリの種類を調べておくことが望まれますが、子どもたちと一緒に図鑑などで調べるのは、分類作業の前に必ず行わなくても構いません。作業の途中でも、終わってからでもよいでしょう。作業後に、ドングリに名前をつけることになれば、図鑑で調べる意識も高まるようです。①では、できるだけ色々な種類と数も多めに取ってくるようにしましょう。②は、①と同時に実施していくようにしましょう。③の活動では、アレルギーのことや調理の手順、準備物といったことに最新の注意を払うようにします。条件や環境を最優先に考えておきましょう。

おすすめ度 A ★★★ B ★★★ C ★★　難易度 A ★★ B ★ C ★　ワクワク度 A ★★★ B ★★★ C ★★

工夫あれこれ

●いろいろな教科内容に結び付く活動も楽しめそうですね。

→ドングリで造形アート：石や草花も合わせて、ドングリの特徴を活かした絵画や立体作品にチャレンジ。染め物やネックレスなどの服飾関係の作品も含めるとより楽しめる。

→ドングリで楽器づくりと演奏会：定番のどんぐり笛、マラカスづくりからオリジナル作品まで幅広くチャレンジし、演奏会をひらく。

→ドングリおもちゃ：ドングリごまやスマートボールなどの定番はぜひやっておきたい。

→ドングリを食べる動物調査隊：どんな動物がどんなドングリを食べるかを実地調査。

2 「葉っぱ」へ思いを寄せる

はじめに

自然物「葉っぱ」に対して、就学前後の子どもたちがどの感覚を働かせ、どのように表現していくかを取り上げてみましょう。加えて、若干ですが、指導者の働きかけについても考えをまとめてみましょう。話題提供として、3つの取り組みの報告を用意しました。1つ目は、対象を5歳児とした事例です。2つ目は、5歳児と小学校1年生の混合グループを対象としています。3つ目は、小学校1年生の話題を持ってきました。おまけとして、小学校2年生のデータも加えておきました。

〈研究事例1：幼稚園5歳児のかかわり〉

■方法・内容

2019年10月中旬、私立O幼稚園5歳児58名を対象に同園近隣のS公園広場（落ち葉が拾いやすい芝生）で約1時間、4つのグループに分かれて活動しました。それぞれのグループに教師が一人ずつ担当し、子どもたちが諸感覚を使って楽しめるよう一定時間、興味・関心に合わせて、活動を繰り返しました（視覚、聴覚、嗅覚、触覚に限定）。

【活動例（視覚）】

① 葉っぱを集める（図1）：「お友だちに見せたい葉っぱを集めてこよう」（集めた葉を画用紙の上に載せる）

② みんなに紹介：「どんなところを見せたいかな？」と問いかけ、説明（比喩、形、色）、確認を促す。

全体の振り返りでは、「今日楽しかったのはどれかな？」という問いかけをし、4つの感覚から自分が楽しかったものを選び、シールを貼る活動を行いました。

図1　葉っぱ集め

■分析及び結果・考察

感覚別表記数の結果では、「視覚：31個（以下略）」「聴覚：43」「触覚：26」「嗅覚：34」が得られました。「視覚（形：24）」に関しては、「穴があいている（3）」「丸い（2）」「ギザギザ（1）」といった表現の他に、「バナナのような」「ロケットみたい」「お船」「アヒル」「ハート」などの比喩（17）が多く使われていました。「視覚（色：7）」では「虹色（3）」などと表現する子どもが見られました。「聴覚（43）」では、「パリパリ」「シャキシャキ」など全てオノマトペで表現していました。数の多さも伴って、本当にそんな音に聞こえるか実際に子どもたち全員で試す場面も見られました。「触覚（26）」においても、直接触れ、確かめながら表す言葉として「やわらかい（1）」以外、どの表現も「ツルツル」「チクチク」といったオノマトペでした。「嗅覚（34）」に関しては、「いい匂い（2）」「臭い（4）」以外は、「ミカン」「石鹸」など日常生活での経験と結び付けて、そのものに喩えて表現していました。

全体の振り返りでは、楽しかった感覚のところにシールを貼りました。その結果、「触覚：45」「視覚：30」「嗅覚：28」「聴覚：23」となりました。複数回答も多く見られたことからも、子どもには、どの感覚もそれぞれに楽しんでいたことが推察されます。また、「視覚」優位の対象把握が進行していたというよりも、直接触って感じていく感覚（触覚）での体験が中心となってかかわっていたと考えられます。触覚による体験と表現は、子どもの中で共有しやすく、それによって対象認知に対する関心意欲が高まった結果だといえるでしょう。

■教師の働きかけ

実践者（教師）の感想として、次のようなことがありました。

- 4つの感覚に限定し、グループごとに同じ観点で葉っぱを探すことは、子どもにとっても容易にかつ十分にその内容を理解することができたので、取り組みやすかった。
- 葉っぱに触れ、たくさん集めてくる子どもに対して、十分受け止めた後、次に「どんなところを紹介したい？」と問いかけた。すると、子どもは違う視点を意識して、また葉っぱを集めに行く様子が見られた。
- 実践後も園内で落ちている葉っぱを集めて、それを花束に見立てて遊ぶ姿も見られた。
- 課題としては、さらに一人一人の子どもの声を丁寧に聞き、共通点や差異点を見出すことである。また葉っぱの特徴を使って、さらに活動を広げる手立ても用意しておきたい。

このような感想からも幼児期において、「感覚」を対象認知への入り口として用意し、直接的な関わりを楽しんでいく活動がポイントになってくるようです。その際、葉っぱの特徴として示した事柄のさらなる探究（ex.「ほんとにそんな音がするの」）や葉っぱを使った造形活動、見立て遊びのための道具の準備は十分に用意し、継続的なかかわりも保障しておきたいものです。

〈研究事例2：5歳児・小学校1年生のかかわり〉

■方法・内容

5歳児23名、小学校1年生44名を対象とし、小学校施設（講堂）にて5歳児4名と小学校1年生8名で編成された班（各班に教師1名担当）で実施しました（2019年12月、約60

分間)。あらかじめ講堂内に用意した校庭や公園の落ち葉（主にサクラ、イチョウ、クスノキ、カエデ約500枚）に対して、諸感覚で捉えた気付きを模造紙４枚（視覚、聴覚、嗅覚、触覚）に表していくことにしました（図２）。振り返りの活動では、葉を捉えやすかった諸感覚に、各自がシールを貼りつけました（複数回答可）。

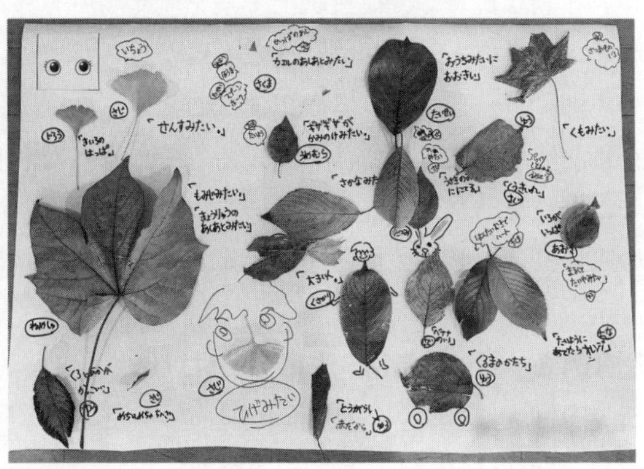

図２　葉っぱを分類・表現

■分析及び結果・考察

子どもの模造紙上の表現を、比喩（直喩・隠喩）、オノマトペ、その他に分類し、個数を数えました。「視覚」では、色、形、大小に分類とともに個数を数えました。

全表現267個のうち「視覚（95)」が最も多く、残りの３つの感覚は、「聴覚（60)」「嗅覚（59)」「触覚（53)」と20％前後で、大きな差は見られませんでした。「視覚（95)」の内訳は、形：45個、色：35個、大小：15個という割合でした。形（45）は「チューリップ（の花)」や「カエルの足跡みたい」の比喩が36個、色（35）では、「緑」や「黄」といった表現が28個、大小（15）では、全て「大きい」または「小さい」という表記でした。「触覚（53)」では、全体の８割強が「つるつる（15)」などのオノマトペ（44）でした。また「嗅覚（59)」においては「化粧のにおい（５)」などの比喩が51個、「聴覚（60)」も「バリバリ（６)」などのオノマトペが58個と大多数を占めました。

以上のように、「視覚」「聴覚」「嗅覚」「触覚」の表現で、様々な比喩を使った表現が見られました。「視覚（形)」「嗅覚」では直喩・隠喩といった比喩が多く、「触覚」「聴覚」ではオノマトペが多いことがわかりました。「視覚」での色や大小の比喩表現はあまり見られない傾向もわかりました。

また、参加者67名が、振り返りで「葉をとらえやすかった感覚」として貼ったシール数は「視覚：62（92.5％)」「触覚：54（80.6％)」「嗅覚：48（71.6％)」「聴覚：45（67.2％)」となり、「視覚」以外の感覚も参加者の半数以上が支持していたことが見出せました。

■教師の働きかけ

実践に関わった教師から得られた感想（工夫と手応え等）は、次のようにまとめられます。

１点目は、丸めたり投げたりするとどうなるかといった操作を加えたことです。単に葉を眺めているのではなく、葉に対して何らかの働きかけを行い、その反応を受け止めることから、より感覚を研ぎ澄ませていく展開です。それにより、新たな気付きを感覚で捉え直し、表現する結果となっています。２点目として、例えば、子どもの「車の形みたい」の発言を受け止める際に、絵を描くことは友だち同士にもわかりやすく、有効であったことです。３点目として、模造紙上で葉を置く場所を考えさせ思考ツールを活用することで、大小の順やグラデーションに並べる表現が見られたことです。感覚として得られたことを一定の規則・ルールに沿って表出することから、意識付けがなされたといえます。

今後に向けた課題としては「二人ともそう思った？」などの働きかけから、感覚をベースにした表現を創発・共有する場面をより増やす点にあると受け止められます。その際も対象の属性に合わせた提供方法を考える必要があるでしょう。

〈研究事例３：小学校１年生のかかわり〉

■方法・内容

大阪市立Ｆ小学校第１学年30名を対象に「気になる葉っぱ」を実践しました(2019年11月)。校内葉っぱを集め（図３)、それらを視覚、触覚、嗅覚、聴覚の４つの観点で分類することにチャレンジしました。感覚ごとに異なる色の画用紙を用意し、それぞれの色で４観点を振り分け、葉っぱを表現する言葉を集めました。

図３　校内で葉っぱを集める

■分析及び結果・考察

画用紙に集められた言葉では、触覚を用いた表現の数が63と一番多く、次に「視覚：51」、「嗅覚：28」、「聴覚：23」という順になりました。「触覚：63」では、オノマトペが非常に多く表現されていました（53)。特に「つるつる（17)」「ざらざら（９)」が多く、全体の半数近くを占めていました。この点から、「触覚」の中でも、いわゆる指先で葉の表面を擦ったりするなどの体感によって理解が進む「表面の凹凸」に注目を集めていたことがわかります。「視覚：51」の内訳としては、主に「色（19)」、「形（15)」が多く表現されていることがわかりました。「形」に関しては、そのほとんどが「魚みたい」「おいも」という比喩表現（13）であったのが特徴的でした。少数ではありますが、「大小」の表現として「～すぎる」(「大きすぎる：1」「小さすぎる：3」）を使って表していた点が意外で、印象的でした。「嗅覚：28」では、何かに例えた表現（ex.「お茶」「ミント」）が多かった（18）ことから、匂いを表現する言葉に工夫が感じられます。日常に体験していることを思い出し、それを引き合いにして説明することでわかりやすくしようとする一連の思考が働いていると考えられます。「聴覚：23」の場合は、全てがオノマトペ（ex.「パリパリ」「カサカサ」）で表現されていました。音に結びつけた表現として日頃より慣れ親しんでいるオノマトペが共通言語として使用されたと考えられます。

以上の結果から、葉っぱを捉える際に子どもは、「視覚」と「触覚」を主に活用していたといえそうです。その一方、嗅覚、聴覚はメインの活用というより、補助的な扱いとして活用されている、またはあまり活用されていなかったと考えられます。

■教師の働きかけ

実践に取り組んだ教師から、次のような感想を受け取りました。

- 自分の感じたことを伝えたい言動が多く見られ、「先生、ウサギみたい」という表現に対して「どこが目？」と問いかけることで、より形や向きに関心を向けるようになった。
- また「色が違う」とだけ書いているのに対して、「何の色が違うの？」と問いかけることで、「葉の裏と表の色が違う」という説明に至った姿も見られた。

このように「子どもの表現に合わせた問いかけが、さらなる探究心を呼び寄せる」点を実践の成果として受け止められます。もちろん、子どもの表現にいくつかの「感覚」という観点からのアプローチを設定していることを忘れてはならないでしょう。この実践に携わった教師は、「嗅覚」「視覚：形」で多く用いられた比喩表現や「触覚」で見られたオノマトペの活用を踏まえ、「感覚のコラボレーションによる表現の多様性から、理解を深める手立てを模索すること」を今後の課題として挙げていました。

■番外編

ところで、子どもたちは、「感覚」をどのような順番で活用しながら「葉っぱ」へ関わっていたのでしょうか。ある程度意識しながら、活用しているかもしれません。また、その活用の順番には、パターンが見られるかもしれません。そこで、子どもに活用の順番（1～3番）を示してもらったところ、次のような結果が得られました。

表1　感覚活用の順番

(n=19)

パターン	人数	パターン	人数	パターン	人数	パターン	人数
A1：1-2-3	3	B1：2-1-3	3	C1：3-1-2	2	D1：4-1-2	1
A2：1-2-4	2	B2：2-1-4	1	C2：3-1-4	0	D2：4-1-3	0
A3：1-3-2	0	B3：2-3-1	2	C3：3-2-1	2	D3：4-2-1	1
A4：1-3-4	0	B4：2-3-4	0	C4：3-2-4	0	D4：4-2-3	0
A5：1-4-2	1	B5：2-4-1	0	C5：3-4-1	0	D4：4-3-1	0
A6：1-4-3	1	B6：2-4-3	0	C6：3-4-2	0	D4：4-3-2	0

※1：視覚、2：触覚、3：嗅覚、4：聴覚

表1の結果からもわかるように、「視覚」を1番に挙げた7人や、「触覚」を1番に活用していた6人において、同じようなパターンが集中しているというより、ばらつきがあるように思われます。この点については、2つの感覚しか活用していない例も含め、もう少し詳細な検討が必要といえそうです。

〈資料等〉

溝邊和成・岩本哲也・流田絵美・平川晃基（2020）諸感覚を大切にした遊びと教師の働きかけ～自然理解の表現を手掛かりに～、日本保育学会第73回大会発表論文集、J-53～ J-54（データの資料提供は、研究事例１：流田、研究事例２：流田・岩本、研究事例３：岩本・平川による）

〈補録〉

５歳児と小学校１年生がどのような感覚を用いて「葉っぱ」を捉えようとしているかについては、上述のような結果となり、その傾向や教師としての対応もある程度見えてきました。では、小学校２年生については、どうでしょうか。小学校入学後は、生活科を中心として科学に関わる内容をていねいに取り組んでいきます。生物としての「葉っぱ」に対しては、どう思いを寄せていくのでしょうか。以前との違いはあるのでしょうか。ここでは、わずかとなりますが、４つの感覚（視覚、聴覚、嗅覚、触覚）とこれまでよく使用されてきたオノマトペ表現と比喩表現に関する例を少し紹介しましょう。

小学校２年生の「葉っぱ」に対して諸感覚を活用する「感覚」アプローチでは、表２のような結果が得られました*。

＊ここで取り上げているデータは、坂田紘子氏の提供による（対象：小学校２年生37名、調査時期：2019年11月）。

表２　４つの感覚に見られる表現（オノマトペ、比喩）（第２学年）

		オノマトペ（例）		比　喩（例）		全体
視　覚	色	1		11	（夕焼けの色、トマトの色等）	32
	形	6	（ギザギザ、トゲトゲ等）	17	（ハートみたい、星みたい等）	25
	大小	0		0		3
聴　覚		26	（パチパチ、ガリガリ等）	0		26
嗅　覚		0		22	（オレンジ、サツマイモ等）	32
触　覚		34	（ツルツル、サラサラ等）	0		37

※表内数字は、個数を示す。（複数回答あり）

この結果からもわかるように、「視覚：色（32）」では、多くは、「緑色」「茶色」など色そのものの表記でしたが、比喩表現も11となっていました。「視覚：形（25）」では、ほとんどが比喩表現またはオノマトペで、前者の個数がやや多いものの（17）、オノマトペ（６）も混在しています。「聴覚（26）」においては、全てオノマトペが使用され、「触覚（37）」も９割以上がオノマトペ（34）でした。どちらも比喩は見られませんでした。一方、「嗅覚（32）」では、その半数以上が比喩表現でしたが（22）、オノマトペは用いられていません。

これらの傾向は、前述していた５歳児や１年生の表現の割合等に似ていることがわかります。詳細な検討は、今後の研究成果を待たなくてはならないですが、幼児期・児童期前期の子どもの用いる「感覚」ベースの自然探究を考える際、諸感覚活用の様態とともに、比喩・オノマトペは必須の表現ツールとなる可能性が高いのではないでしょうか。

試みたい活動 ①

オノマトペ大集合

オノマトペとは、「さまざまな状態や動きなどを音で表現した言葉のこと。主に自然界にある音や声など、現実に聞こえる音を人の言語で表現した言葉」（新語時事用語辞典、以下にURL 記載）です。ちなみに、オノマトペの歴史は古く、「語源は、古代ギリシャ語のオノマトポイーア（onomatopoiia）に由来する。古代ギリシャ語の onoma（名前）と poiein（作る）という言葉が融合しオノマトポイーア（言葉を作る）という言葉が生まれた。」（新語時事用語辞典）そうです。オノマトペは、諸感覚を働かせて捉えた理解を表現することができる非常に有効な方法です。意識してオノマトペで表現する活動に取り組んでみましょう。

ねらい　視覚（主に形）、触覚（主に表面、縁）、嗅覚、聴覚、味覚を働かせて、植物を観察し、オノマトペで表現できる。

準　備　植物、紙、筆記用具、デジタルカメラ

手　順　「お題・収集」「収集・表現」の活動パターンが考えられる。

「お題・収集」パターン：「ちくちく」「しわしわ」など、全体でお題を決める。お題に沿って植物を収集し、共有する。

「収集・表現」パターン：各自で植物を集める。集めた物を友だちとオノマトペで表現し合い、オノマトペを比べる。

ポイント　移動させることが難しい植物の場合はその植物の場所に集まったり、録音して共有したりすることも考えられます。視覚と触覚など、複数の感覚を働かせて表現することが大切です。

おすすめ度 A ★ B ★★ C ★★　難易度 A ★ B ★ C ★　ワクワク度 A ★★ B ★★ C ★★

工夫あれこれ

- 葉っぱに働きかけて…それぞれの特徴をさらに深く知るために、複数枚の葉をこすり合わせて出る音や匂い、葉を上から落としたときの様子などを表現することもよいでしょう。
- 新語オノマトペ創作集の作成…「シワシワ＋ちくちく→シワちく」など、新しいオノマトペをつくると、さらに対象に対する理解が深まります。

〈参考資料等〉

https://www.weblio.jp/content/%E3%82%AA%E3%83%8E%E3%83%9E%E3%83%88%E3%83%9A,（参照2024-03-20）

試みたい活動 ②

葉っぱ No.1決定戦

「一番大きな葉を探そう」「一番きれいな色の葉を見つけよう」と声をかけると、どんな葉っぱが集まるかな？　楽しみですね。

ねらい　視覚・触覚・嗅覚・聴覚を働かせて観察することで、普段意識しなかった葉の特徴を再発見する。また、視覚では「形」「大きさ」「色」など、触覚では「表面」「重さ」など、それぞれの感覚の観点に気付くことができる。

準　備　葉（多くの種類と量）

手　順
① 観察する場所や範囲を知らせておく。
② 様々な諸感覚を使って葉を観察する。
③「大きい No.1」「つるつる No.1」「いい音 No.1」「いい匂い No.1」「キレイな色 No.1」「軽さ No.1」「きれいに舞う No.1」などテーマを共有して No.1の葉っぱを探し、友だちと見せ合い、コンテストをして No.1を決める。

ポイント

- 落ち葉の多い季節や樹木の多い場所を選ぶようにします。
- 「大きさ（視覚）」「色（視覚）」「手触り（触覚）」「匂い（嗅覚）」「重さ（触覚）」「動き方（視覚）」など観察する諸感覚の観点をイラスト風に示しておくとよいでしょう。
- 「種類別コンテスト『……の葉』「……の部」第１位は、……」という表彰形式をイメージさせておくとわかりやすくなります。

おすすめ度 A ★★ B ★★ C ★★　難易度 A ★ B ★ C ★　ワクワク度 A ★★ B ★★ C ★★

工夫あれこれ

- 虫食い葉っぱコンテスト…「大きな穴あき」の部、「たくさん穴あき」の部などの項目を用意して、比べます。
- 同じ葉っぱコンテスト…１つの葉に最もよく似た葉をエントリーさせて、４部門（視覚：大きさ・色、触覚：手触り、嗅覚）の得点を競い合って、総合 No.1を決めます。
- 違う葉っぱが多いコンテスト…「大きさ」の部では、同じ種類の葉っぱで、大きさが違う葉っぱ（ex.2mm 以上）を見つけて、１列に並べ、その数が多いものを No.1とします。
- たくさんの種類の葉っぱを集めようコンテスト…ルールは、公園など決まったエリア内で、一定の時間内にたくさんの種類の葉っぱを集めます。

3　植物をどのように観察しますか？

はじめに

目の前に植物があると、どのようにして観察しますか。全体を見たり、葉や花といった部分を見たりことするでしょう。また、葉や茎を触ったり、花の香りを嗅いだりもするでしょう。私たちは、このように諸感覚を働かせながら、目の前の植物の理解を深めていきます。植物に働きかける際の諸感覚と気付きの発言を基に、諸感覚を働かせる姿を分析することで、植物に対する理解を明らかにすることができると考えます。また、諸感覚を働かせる姿を分析することは、幼児期から児童期、生活科から理科への連続した学びの検討につながることでしょう。

〈研究事例〉

■方　法

幼児期から児童期、生活科から理科への連続した学びの検討を踏まえ、1年生6名を対象にし、身近な自然である植物（タンポポ、シロツメクサ、ナズナ）を扱うこととしました。以下の手順で調査しました（2020年4月実施）。

① 机上に置かれた、植木鉢に植えている数株のタンポポを個別に観察し、気付いたことを随時話す。

②-1、②-2 同様の方法で、シロツメクサ、ナズナの順に観察し、気付いたことを話す。

③ 3種類の植物を並べて、それぞれの植物について気付いたことを話す。

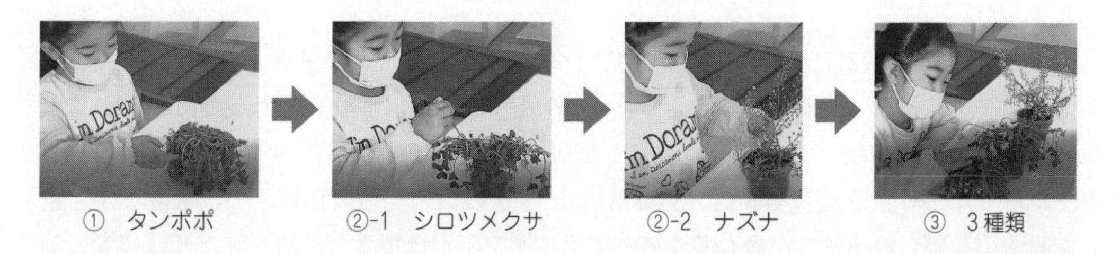

①　タンポポ　②-1　シロツメクサ　②-2　ナズナ　③　3種類

映像で記録した植物への働きかけの様子と気付きの発言を基に、大学教員1名、小学校教諭4名、幼稚園教諭1名の6名で、子ども一人一人が植物のどの部分に着目し、諸感覚（視覚、触覚、嗅覚、聴覚）をいかに働かせているかを分析しました。例えば、図1のように、タンポポの花の部分を見て「黄色い花」と発言した場合と、図2のように花を見ながら触って「白いところはふわふわ」と発言した場合を、それぞれ表1のようにまとめました。そして、分析した植物への働きかけを「諸感覚を働かせる姿」とし、各感覚の項目別に分類するとともに、植物ごとの個数を数え、比較しました。

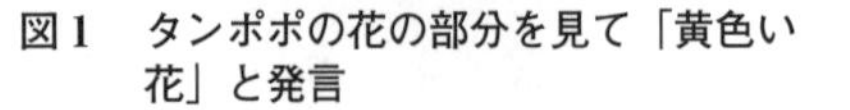
図１　タンポポの花の部分を見て「黄色い花」と発言

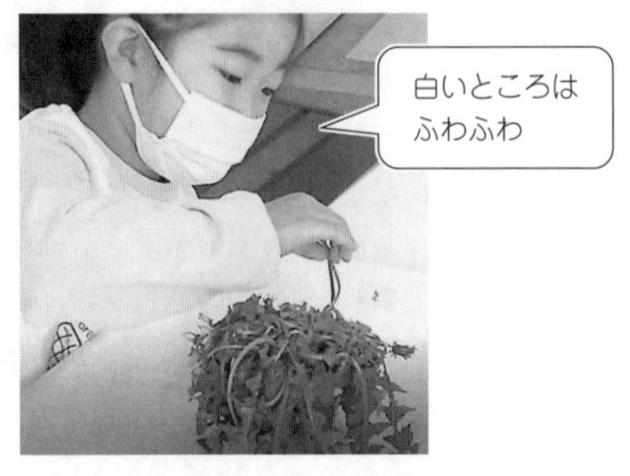

図２　タンポポの花の部分を見ながら触って「白いところはふわふわ」と発言

表１　分析結果（一部抜粋）

(n=2)

部　分	主な諸感覚	諸感覚を働かせる姿	気付きの発言
花	視覚 視覚と触覚	色を見る 触りながら色、形を見る	黄色（１） 白いところはふわふわ（１）

※表内の数値は、人数を示す。

また、それぞれの植物に対する子ども一人一人の「諸感覚を働かせる姿」を時系列に整理し、比較するとともに、植物に対する理解との関係を特徴付けて分類しました。

■諸感覚を働かせる姿と気付きの発言

諸感覚を働かせる姿として、視覚では「色」「形」「大きさ」、触覚では「先」「表面」「重さ」「力を加える」の観点に分類することができました。嗅覚と聴覚を主に働かせる姿は見られませんでした。触りながら見て捉えるといった、視覚と触覚を働かせて発言する姿がありました。以上のことを踏まえ、諸感覚を働かせる姿と気付きの発言を表２に整理しました。

タンポポは花（72.7％［33個中24個］）、シロツメクサも花（60.9％［23個中14個］）、ナズナは葉（62.1％［29個中18個］）についての気付きの発言が最も多かったです。タンポポの花の発言（24個）では色を見る姿７個（29.2％）、シロツメクサの花の発言（14個）では触りながら色を見る姿５個（35.7％）、ナズナの葉の発言（18個）では触りながら色を見る姿５個（27.8％）が最も多かったです。タンポポは視覚、シロツメクサは視覚と触覚を働かせて花の色を捉え、ナズナは視覚と触覚を働かせて葉の色を捉える傾向が見られました。これは３種の植物の特徴が関係していると考えられます。植物の特徴を基に、部分に着目し、観点をもって諸感覚を働かせ、気付きの発言をしていると推察されます。

タンポポの花を見て「吹いたら花びらは浮かんでいく」や、茎の表面を触りながら「ちぎると白い物が出る」等、諸感覚を働かせながら既有知識を発言する姿がありました。諸感覚を働かせることで、既有知識を思い起こすことにつながったと考えられます。また、

表2　諸感覚を働かせる姿と気付きの発言との関係

(n=85)

部分	主な諸感覚	諸感覚を働かせる姿	気付きの発言		
			タンポポ	シロツメクサ	ナズナ
花	視覚	色を見る	黄色3 白い2 春に咲いて黄色1 なぜ、この花は白い？1	白い1	白い1
		形を見る	つぼみ、少し咲いている1 花の下に膨らみがある1	ちくちくしてそう1 全体が集まって丸くなっている1	
		大きさを見る			とても小さい2 小さくて見にくい1
		色、形を見る	吹いたら花びらは浮かんでいく1 黄色い花は飛ばない1 放っておくと枯れる1		
		色、形、大きさを見る	チョウがよく来る1		
	触覚	先を触る	ふわふわ1	ふわふわ1 中はざらざら1	
		力を加える（撫でる）	花が取れることもある、なぜ？1		触っても影響がない1
	視覚と触覚	触りながら色を見る	黄色2 白い1	白い2 中は茶色2 赤紫1	
		触りながら形を見る	この花は変な形1	枯れたら花びらは1枚ぐらいになる1	
		触りながら大きさを見る			とても小さい1 小さい1
		触りながら色、形を見る	白いところはふわふわ1 白い花がある1 つぼみの前が白い花かな1		
		触りながら色、形、大きさを見る	虫があまり止まらない1 密吸えるのかな1	花になりかけはちょっと紫1 この花は大人、これは子供、これは赤ちゃん1 この花は見たことがない1	
葉	視	色を見る			いろいろな色がある1
		形を見る		クローバーみたい1	三角みたい1
	触	先を触る			痛い1 くすぐったい1
		表面を触る		ざらざら、こっちもざらざら1 つるつる1 （葉脈は）がたがた1	ざらざら1 つるつる1 むくむく1
		重さを感じる（持つ）			少し重い1
		力を加える（撫でる）			葉が簡単に取れる1
	視覚と触覚	触りながら色を見る 触りながら形を見る 触りながら大きさを見る 触りながら色、形を見る	緑1 （葉脈が）少し太め1 虫に食べられる1	緑1 四つ葉のクローバーみたい1	中途半端な色、黄土色、クリーム色、ピンク色、緑色1 下の方は茶色1 枯れた葉は黄色く、枯れたら葉は1枚くらいになる1 黄色っぽい1 茶色っぽい1 タンポポの葉に似ている1 小さい1 花が小さいから葉も小さい1 つぼみ（葉）が緑1
茎	触	表面を触る	つるつる1 ちぎると白い物が出る1 ざらざら、こっちはつるつる1 ふわふわ1		
	視覚と触覚	触りながら色を見る 触りながら形を見る 触りながら大きさを見る	茎が縦向きになっていないから枯れている1 少し太め1	細い2 葉も花も茎につながっている1	緑1 細い1 長い1 大きい、顔に当たりそう1

※表内の数値は、人数を示す。

「タンポポの白いところはふわふわ」「ナズナの花はとても小さい」等、視覚と触覚を働かせて形や大きさを捉える姿が見られました。視覚と触覚を働かせる姿として、シロツメクサの花を触って「白い」といった姿もありました。

諸感覚を働かせる姿の順序

諸感覚を働かせる姿を分類した観点を基に、順序を表３にまとめました。

諸感覚を働かせる最初の姿に着目すると、タンポポに対して、まず色を見た子どもは６名中３名であり、他の植物に対してはばらつきが見られました。３種類の植物全てにおいて、諸感覚を働かせる最初の姿が同じ子どもはいませんでした。１番目と２番目に働かせる「主な諸感覚」が同じ子どもは、タンポポで６名中４名、シロツメクサで５名中２名、ナズナで６名中４名でしたが、諸感覚に共通性は見られませんでした。

子どもＡがナズナに対して終始、主に触覚を働かせたように、１つの「感覚」で終始働きかけた子どもは、タンポポ３名、シロツメクサ２名、ナズナ４名（ともに６名中）でしたが、これも共通性は見られませんでした。以上のことから、諸感覚を働かせる姿は対象の特徴と関係するが、対象の特徴の捉える順序は子どもによって異なり、傾向は見られませんでした。

植物に対する理解の過程

子ども一人一人の諸感覚を働かせる姿を時系列に整理し、植物に対する理解との関係を特徴付けた結果、特徴的な理解の過程として３パターンに分類することができました。それぞれの事例を説明します。

第一として、「視覚による認識と触覚による認識との違いによって、植物に対する理解が進んだ事例」がありました。表３で示した子どもＡはシロツメクサの花の形を見て、先が尖っているように思い、「花は、ちくちくしてそう」と発言しました。自分の予想を確かめるために花の先を触ったところ、見た感じと違ったため「でも、ふわふわしている」と言いました。予想と違ったことで、花以外の部分の触り心地も調べようと考えました。まず、茎の表面を触ったところ「茎はざらざら」でした。他の茎も同じ触り心地かを確かめるため、他の茎の表面を触ったところ「こっちもざらざら」でした。そこで、「茎はざらざらである」と理解しました。次は、葉の触り心地に着目しました。葉の表面全体を触りながら「葉はつるつる」と言いました。さらに、同じ葉の中心部分の表面を触り「ここ（葉脈）はがたがた」と言いました。葉には「つるつるの部分とがたがたの部分がある」と認識したようでした。３種類の植物の観察を終え、再度シロツメクサについて気付いたことを話す場面では「シロツメクサは、茎はざらざらで、葉はつるつるしている」と発言しました。花、茎、葉それぞれの部分によって触り心地が異なることを理解したと考えられます。

第二として、「観察される複数の事象を関連付けることで理解が進んだ事例」がありました。表５の子どもＣは、ナズナの花を見て「とても花が小さい」「花が小さくて見にくい」と発言しました。そして、葉も小さいことに気付き、葉が小さい根拠を花の大きさと

表3 諸感覚を働かせる姿の順序

対象	主な諸感覚	諸感覚を働かせる姿	子ども					
			A	B	C	D	E	F
タンポポ	視 覚	色を見る	1		2		1、7	1
		形を見る	2				10	
		色、形を見る			1、3		5	
		色、形、大きさを見る					4	
	触 覚	先を触る		1				
		表面を触る	3	2			2	
		力を加える（撫でる）					6	
	視覚と触覚	触りながら色を見る				1	3	3
		触りながら形を見る					9	2
		触りながら色、形を見る				3	8	4
		触りながら色、形、大きさを見る				2		
シロメクサ	視 覚	色を見る				1		
		形を見る	1		1		3	
	触 覚	先を触る	2	2				
		表面を触る	3					
	視覚と触覚	触りながら色を見る					1、4	1、3
		触りながら形を見る		1			2、5	
		触りながら色、形、大きさを見る				2		2
ナズナ	視 覚	色を見る				1、3		
		形を見る			3			
		大きさを見る			1	2		
	触 覚	先を触る		1				
		表面を触る	3					
		重さを感じる（持つ）	1					
		力を加える（撫でる）	2、4					
	視覚と触覚	触りながら色を見る				4	4、6、8	2
		触りながら形を見る					2、5	
		触りながら大きさを見る			2		1、3	1
		触りながら色、形を見る					7	

※表内の数値は各児童における対象ごとの順序を示す。

関連付けて「花が小さいから葉も小さい」と言いました。このことから、複数の気付きを関連付けてナズナを理解したと考えられます。

第三として、「観察される複数の事象の共通点に着目して妥当な考えをつくりだし、その考えを適用していくことで理解が進んだ事例」がありました。表3の子どもDは1本のナズナの葉の色を見て、「いろいろな色の葉っぱがある」と発言しました。そして、他の4本のナズナを触りながら様々な色の葉を探し出しました。色の違う葉を見つけると、「この葉っぱは中途半端な色をしている」「これは黄土色」「これはクリーム色」「これはピンク」「これは緑」と言いました。このような過程を通して、ナズナは様々な色の葉があることに理解したと考えられます。

ま と め

植物の特徴を基に、花、茎、葉の部分に着目し、視覚では「色」「形」「大きさ」、触覚では「先」「表面」「重さ」「力を加える」の観点をもって諸感覚を働かせて、対象を理解していくと考えられます。視覚と触覚を同時に働かせる姿も見られたことから、２つ以上の感覚を同時に働かせる姿と自然理解の表現について明らかにする必要があるでしょう。

対象の特徴によって、諸感覚を働かせる姿に傾向は見られますが、対象の特徴を捉える順序は子どもによって異なるため、順序に傾向はあまりないと考えられます。植物に対して諸感覚を働かせる姿に見られた観点や、植物への理解が進んだ特徴的な過程は、対象を理解するアプローチとして他の対象でも汎用性が高いと思われます。

特徴的な自然理解の過程に基づいて、理科授業をデザインしたり、個人に応じたアプローチを講じたりすることは、小学校理科における諸感覚を働かせた自然理解を考える際の一助になると考えます。幼児期から児童前期を対象とした諸感覚に基づく自然探究活動や、理科授業での事例を増やして、特徴的な自然理解の過程を捉え、自然理解の類型化・体系化を目指すことが期待されます。

〈資料等〉

岩本哲也・溝邊和成・流田絵美・平川晃基・佐竹利仁・坂田紘子（2020）諸感覚を働かせる姿に見られる自然理解の表現、日本科学教育学会研究会研究報告34(10)、29-32.

試みたい活動 ①

あなたならどの感覚から攻める？

みなさんは「種」と言われると何を思い浮かべますか？　ヒマワリやアサガオなどが多いでしょうか。では、その種はどのように見分けていますか。多くの人は視覚を用いて見分けるでしょう。しかし、視覚以外の感覚も活用することで、種への理解を深めることができます。

ねらい　各感覚にもいろいろな視点があることを自覚できる。複数の感覚を統合させながら理解しようとする。

準　備　色、形、大きさ、重さなどが異なる種や球根
ホウセンカ、フウセンカズラ、アサガオ、ヒマワリ
チューリップ、ヒヤシンス、ヘチマ、ヒョウタン、
ツルレイシなど

手　順　① 数種類の種もしくは球根の名前を覚える。
② 種もしくは球根をシャッフルして、名前を予想する。予想した理由も発表する。
③ 答え合わせをする。

ポイント　種や球根は基本的には視覚を用いての判別ができますが、それ以外にも手触りやにおいなど大きな違いを捉えることができることに気付くようにします。例えば、目に見えないように袋の中に種や球根を入れて言い当てたり、目を閉じてにおいで言い当てたりすることなどが考えられます（ブラックボックスなども良い）。観察の際に制限時間を設定したり、友だちと相談しながら予想したりするなど様々なパターンが考えられます。

おすすめ度 A ★★ B ★★ C ★★　難易度 A ★★ B ★★ C ★　ワクワク度 A ★★ B ★★ C ★★

工夫あれこれ

- まず「匂い」からゲーム…数種類の植物の種、球根を匂いだけを頼りに名前を当てます。同様のゲームとして触覚「重さ」や触覚「手触り」から特定するゲームも用意できます。
- 複数の感覚を順番に組み合わせたゲーム…例えば、「①触覚：手触り→②聴覚：種がこぼれる音→③嗅覚」や「①聴覚：種がこぼれる音→②嗅覚→③触覚：手触り」など、順番を変化させて種（または球根）の名前を当てていきます。
- 感覚情報を頼りにした「果実の名前当てっこ」ゲーム…例えば「ずっしり（触覚）、てかてか（視覚）、甘い（味覚）⇒スイカ」

試みたい活動 ②

草花はどこから匂うの？

匂いのする草花やあまり匂いがしない草花があります。良い匂い、嫌な匂い、個性的な匂いなど、どこからどう匂うのか、匂いを手がかりに、様々な草花の理解を深めましょう。

ねらい　どこからどのような匂いがしたかを嗅覚を働かせて、植物を詳しく観察・説明することから、観察力・説明力に合わせて、匂いに関する表現力も高めることができる。

準　備　草花、ピンセット、はさみ

手　順　① 草花の匂いを嗅ぐ。
② どの部分が、どのような匂いがするのか、比喩やオノマトペを中心に色々な方法で表現する。
③ 友だちといっしょに「部分と匂い」を確認する。

図１

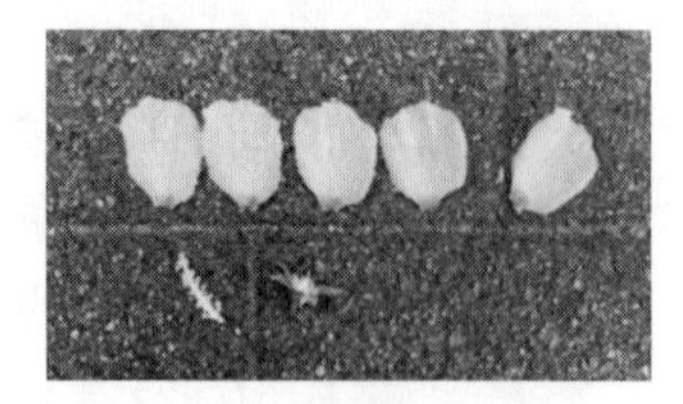
図２

ポイント　あまり匂いがしない草でも、切ると匂いがする場合があります。また、切る部分によっても匂い方が違います。図１のように、葉を切って匂ってみましょう。
匂いが強い花で行うときは、図２のように、花びら、おしべ、めしべ、がくなどに分解して、どこから匂うか調べます。強い匂いがするものには、回数を減らしたり、短時間にしたりして、気を付けながら実験します。

おすすめ度 A ★★ B ★★ C ★★ 難易度 A ★ B ★ C ★ ワクワク度 A ★★ B ★★ C ★★

工夫あれこれ

- 匂ってくるところ当てゲーム…はじめに１つだけ匂いを嗅いで、それがその草花のどの部分の匂いかを当てます。
- どこから匂うの（野菜編）…そのままの野菜の匂いがどこからくるのか、野菜ごとに徹底調査します。また、きざんだ時の匂いと元の匂いを比べます。
- 季節に応じた草花・樹木の匂い集め…キンモクセイ（秋）などの季節を代表する植物の匂いエリアを調べ、その強さを示す「匂いマップ（季節編）」などにまとめましょう。

4 「落ち葉」をどう表現する？

はじめに

第1章第3節「植物をどのように観察しますか？」では、葉や茎、花などといった植物の体のつくりに対して、諸感覚を働かせる姿を分析し、理解を明らかにしようとチャレンジし、事例を報告しました。本節では、「落ち葉」に限定して、どの諸感覚を働かせてどのように表現するか、言語表現に焦点化して検討し、「落ち葉」の理解を明らかにしていこうと思います。どのような諸感覚を働かせる姿が見られるかを報告します。小学校1～3年生を対象に調査することで、生活科から理科への連続した学びの検討につながることも期待できるでしょう。

〈研究事例〉

■方　法

小学校1年生30名、2年生33名、3年生23名を対象にし、以下の手順で調査しました（2019年11月実施）。

① 落ち葉を観察し、集める（図1）。

図1　落ち葉の色を見比べたり、匂いを嗅いだりしている様子（採集時）

②「視覚」「聴覚」「嗅覚」「触覚」の模造紙それぞれに、校庭や公園で集めた落ち葉を貼り、それに対して諸感覚で捉えた「気付き」を表現する（図2）。表現者・賛同者の記名をする（図3）。

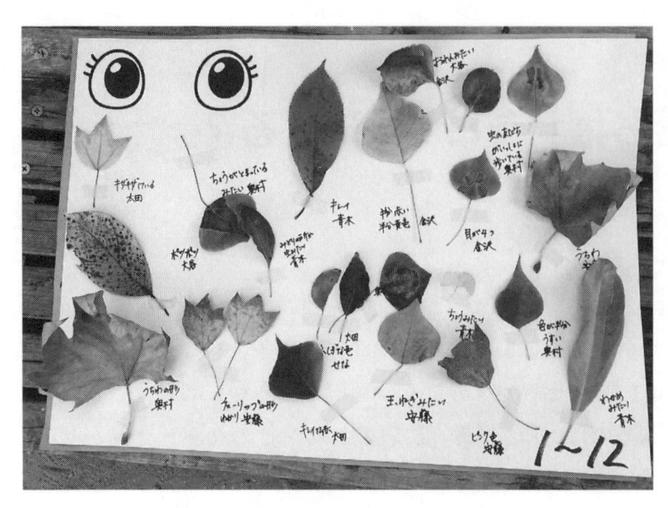

図２「視覚」で捉えた「気付き」を模造紙に表現する

図３「気付き」を表現し、表現者・賛同者の記名をする

③ 活動の振り返りで、落ち葉を捉えやすかった諸感覚に、各自がシールを貼る（複数回答可）（図４）。

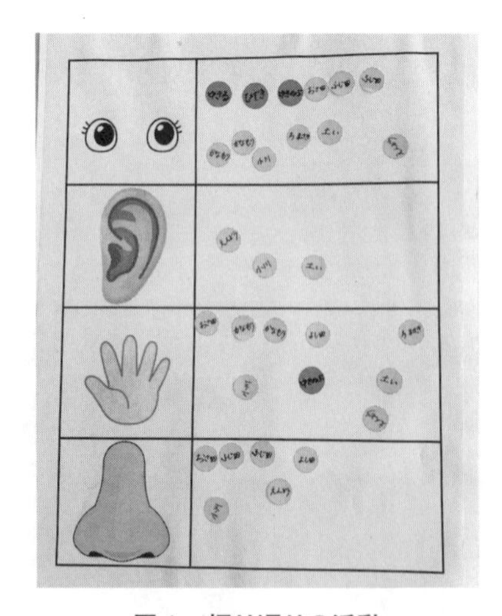

図４　振り返りの活動

そして、模造紙に表現された言葉を、直喩・隠喩、オノマトペ、その他に分類し、個数を数えました。「視覚」では、色、形、大小に分類するとともに個数を数えます。また、活動の振り返りで貼られたシール数を確認しました。

■「視覚」「聴覚」「嗅覚」「触覚」で捉えた言語数の比較

模造紙上の表現の個数を表１に整理しました。色や形、大きさなど、視覚で捉えた表現は、第１学年で164個中63個（38.4％）、第２学年で155個中60個（38.7％）、第３学年で187個中74個（39.6％）でした。このように、各学年において、視覚で捉えた表現は約40％で、最も多い傾向が見られました。学年に関係なく、触覚、嗅覚、聴覚に比べ、視覚で捉える傾向があると考えられます。一方、どの学年でも、聴覚で捉えた表現が一番少ない傾向が見られました。

表1 「視覚」「聴覚」「嗅覚」「触覚」で捉えた言語数の比較

(n=506)

学　年	1　年	2　年	3　年	合　計
視　覚	63	60	74	197
触　覚	50	37	42	129
嗅　覚	28	32	49	109
聴　覚	23	26	22	71
合　計	164	155	187	506

それぞれの感覚で、どのような表現が見られたのか詳しく説明します。

■「視覚」で捉えた言語数の比較

模造紙上の表現を、色、形、大小に分類しました。さらに、「比喩（直喩・隠喩）」「オノマトペ」「その他」に整理し、個数を数えました。その結果が表2です。

表2 「視覚」で捉えた言語数の比較

(n=197)

学　年	1　年			2　年			3　年			合　計
表　現	比	オ	他	比	オ	他	比	オ	他	
色	2	0	25	11	1	20	0	0	54	113
形	22	1	3	17	6	2	2	0	1	54
大小	0	0	10	0	0	3	4	0	13	30
合　計	24	1	38	28	7	25	6	0	68	197
	63			60			74			

※ただし、比：直喩・隠喩　オ：オノマトペ　他：その他　を示す。

色に関する表現は、第1学年で63個中27個（42.9%）、第2学年で60個中32個（53.3%）、第3学年で74個中54個（73.0%）でした。形に関する表現は、第1学年で63個中26個（41.3%）、第2学年で60個中25個（41.7%）、第3学年で74個中3個（4.1%）でした。大小に関する表現は、第1学年で63個中10個（15.9%）、第2学年で60個中3個（5.0%）、第3学年で74個中17個（23.0%）でした。これらの結果から、学年によって色、形、大小の観点のばらつきは見られるが、概ね「色」に関する表現が多い傾向があるといえます。

色に関する表現として、どの学年も「赤」「黄」「赤茶」といった表現（その他）が多かったです。「ほっぺたみたいな色」「レモンのような色」などの比喩表現も少し見られました。第3学年において、色に関する表現54個中、比喩は0個だったことから、高学年でも比喩表現は少なく、「赤」「黄」といった表現がほとんどである可能性が高いと思われます。

形に関する表現は、第1学年で63個中26個（41.3%）、第2学年で60個中25個（41.7%）、第3学年で74個中3個（4.1%）でした。表現の中でも「魚」「髭みたいな形」等の比喩（直喩・隠喩）が多く見られました。第1・第2学年において表現が多かったことから、未就学児でも多くの比喩表現が見られることが推察されます。

大小に関する表現は、第1学年で63個中10個（15.9％)、第2学年で60個中3個（5.0％)、第3学年で74個中17個（23.0％）でした。第3学年で「手のひらぐらい」等の比喩表現がいくつか見られ、「大きい」「小さい」といった表現がほとんどでした。また、どの学年もオノマトペでの表現は見られなかったことから、大小をオノマトペで表現することは難しいことがわかります。

■「触覚」「嗅覚」「聴覚」で捉えた言語数の比較

模造紙上の表現を、「比喩（直喩・隠喩)」「オノマトペ」「その他」に整理し、個数を数えました。その結果が表3です。

表3　「触覚」「嗅覚」「聴覚」で捉えた言語数の比較

(n=309)

学　年	1　年			2　年			3　年			合　計
表　現	比	オ	他	比	オ	他	比	オ	他	
触　覚	0	44	6	0	34	3	3	39	0	129
嗅　覚	18	0	10	22	0	10	36	0	13	109
聴　覚	0	23	0	0	26	0	0	21	1	71

※ただし、比：直喩・隠喩　オ：オノマトペを示す。

「触覚」では「つるつる」「ざらざら」といったオノマトペによる表現が、第1学年50個中44個（88.0％)、第2学年37個中34個（91.9％)、第3学年42個中39個（92.9％）で、非常に多いことがわかりました。「つるつる」「ざらざら」といった葉の表面に関するオノマトペや、「ぎざぎざ」「ちくちく」といった葉の縁に関するオノマトペが多く、触り心地に関する表現がほとんどでした。学年に関係なく、触り心地はオノマトペで表現しやすいことがわかります。触覚において、重さに関する表現は見られませんでした。葉が軽いことが影響しているのではないかと推察されます。

「嗅覚」では「お茶」「バナナみたい」等の直喩・隠喩の数が、第1学年28個中18個（64.3％)、第2学年32個中22個（68.8％)、第3学年49個中36個（73.5％）で最も多かったです。また、どの学年もオノマトペでの表現は見られなかったことから、オノマトペで表現することは難しいことがわかります。

「聴覚」では「カサカサ」「パリパリ」等のオノマトペが、第1学年23個中23個（100.0％)、第2学年26個中26個（100.0％)、第3学年22個中21個（95.5％）で、多く見られました。「嗅覚」と異なり、どの学年でもオノマトペで表現しやすいことがわかります。

これらの結果より、1～3年生において、「視覚（形)」「嗅覚」では直喩・隠喩、「触覚」「聴覚」ではオノマトペが多いという共通の傾向があると考えられます。

まとめ

小学校第1学年から第3学年において落ち葉を捉える際、学年に関係なく、触覚、嗅覚、聴覚に比べ、視覚で捉える傾向があると考えられます。さらに、学年によって色、形、大小の観点のばらつきは見られますが、概ね「色」に関する表現が多い傾向にあるといえます。色に関する表現は、第１・２学年で比喩が多く第３学年で「赤」「赤茶」など、色そのものを示す表現が多く見られました。このことは、色そのものを示す語彙の習得度が影響しているように思います。それゆえ、幼児期から児童期前期にかけては比喩での表現の方が有効だったのかもしれません。

形に関する表現は、比喩（直喩・隠喩）が多く見られました。第１・第２学年において表現が多かったことから、未就学児でも多くの比喩表現が見られることが推察されます。

第１学年から第３学年で、「触覚」「聴覚」で捉えたオノマトペによる表現が多く見られ、「視覚（形）」「嗅覚」では比喩（直喩・隠喩）が多く見られました。この傾向は、幼児期や児童期後期においても同じかもしれません。オノマトペや比喩の特性を考慮して、保育者・指導者が園児・児童に働きかけることで、落ち葉に対する認識がより豊かになるでしょう。本実践のように、園児・児童の様々な表現を引き出し、集団で合意形成を図る場を設定することが、「落ち葉」を含めた自然に対する理解を深めることにつながります。図５のように、各グループだけでなく、全体で表現を共有し、合意形成を図りましょう。また、これらの言語表現や共通の傾向を出発点とし、その根拠を追究する場の用意が、「落ち葉」を含めた、自然に対する理解を深める学習デザインのヒントになると考えます。

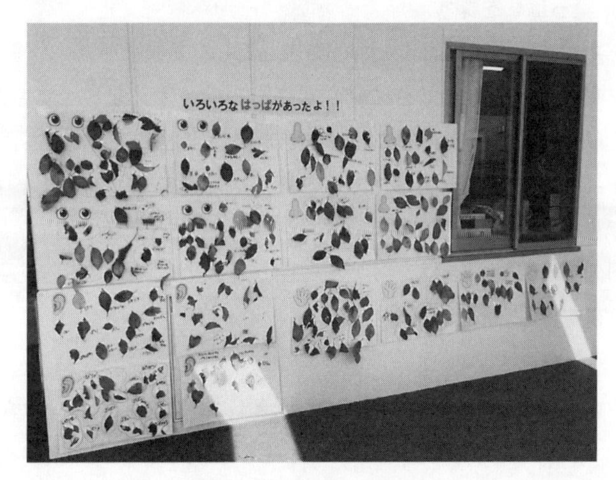

図５　表現を全体で共有しやすいように

〈資料等〉

岩本哲也・溝邊和成・流田絵美・佐竹利仁・平川晃基・坂田紘子（2020）諸感覚による自然理解の表現に関する基礎的調査～小学校第１・２・３学年「あっ！は！ハ！葉！いろいろ」を事例として～、日本生活科・総合的学習教育学会第29回全国大会発表論文集、292.

試みたい活動 ①

Your 葉っぱ

友だちのお気に入りの葉っぱ（Your 葉っぱ）は、どんな葉っぱですか？　見つけてあげましょう。その時は、友だちからのオノマトペ情報だけを手がかりに誰が一番早く見つけることができるかなど、ゲームとして挑戦していくと、とてもワクワクしますね。

ねらい　友だちのお気に入りの葉っぱを見つけようとすることで、葉っぱの特徴をよく観察し、共有することができる。また、他者に特徴をオノマトペで紹介することで、諸感覚で捉えた理解を表現することができる。

準　備　色、形、大きさ、触り心地、香りなどが異なる葉が多くある場所

手　順　① お気に入りの「葉っぱ」を見つけ、その特徴をオノマトペで表現する。
② 「Your 葉っぱ」発見ゲーム大会を実施する。
- ゲームのルールを知り、友だちの「葉っぱ」のオノマトペ情報を得る。
- 「Your 葉っぱ」を探す。
- 結果を発表する（実物紹介・順位発表など）。

ポイント　オノマトペを使って友だちに紹介する時、同じオノマトペでも違う状態を表現している場合があります。その面白さを味わいましょう。友だち同士で「Your 葉っぱ」をよりうまく表現するために、新しいオノマトペをつくって共有することもいいですね。
- １回のゲーム時間を短くして、何回か行えば、オノマトペの共有も図りやすくなります。

おすすめ度 A ★★ B ★★ C ★★　難易度 A ★ B ★ C ★　ワクワク度 A ★★ B ★★ C ★★

工夫あれこれ

- ゲームで使用した「Your 葉っぱ」は、オノマトペ表現を添えて、「押し花」にして優勝賞品としてプレゼントしたりしてもいいですね。
- 「Your 葉っぱ」作品展開催…友だちのお気に入りの色合いや形などを備える「Your 葉っぱ」に作品名や解説などを加え、作品展を開きましょう。

試みたい活動 ②

～のようなもの集め

幼児期に、木の実を食べ物、葉を皿に見立てて「ごっこ遊び」をしたことがあると思います。諸感覚を働かせて何かに見立てる活動は、根、茎、葉、花、幹、枝、種、実など、植物の体のつくりの様々な特徴を捉えることにつながります。幼児期はもちろん、児童期でも積極的に行うことをおすすめします。

ねらい　視覚（主に形、色）、触覚（主に表面）、嗅覚を働かせて、植物を観察することができる。

準　備　植物、紙、筆記用具、タブレット型端末(or デジタルカメラ)

手　順　「お題・収集」「見立て・クイズ」の２つの活動パターンが考えられます。

「お題・収集」パターン：「くちびるのようなもの」「ひげのようなもの」など、全体でお題を決める。収集し、全体で共有する。

「見立て・クイズ」パターン：各自で、「～のようなもの」を集め、何に見えるかクイズにする。

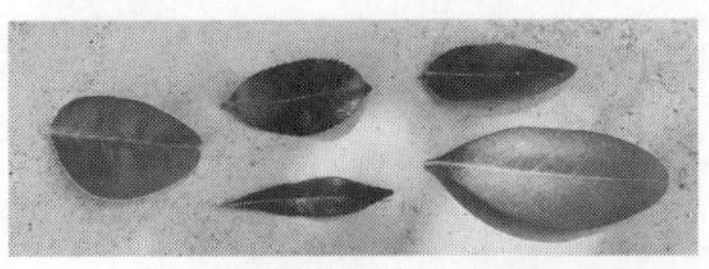

くちびるのような葉

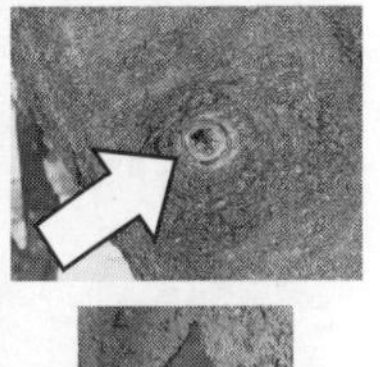

クイズ　何に見えるかな？

ポイント　移動させることが難しい植物の場合は、その植物の場所に集まったり、写真を撮影して共有したりすることも考えられます。視覚だけではなく、触角や嗅覚を働かせるようなテーマもあるとよいでしょう。

おすすめ度 A ★★★ B ★★ C ★★　難易度 A ★ B ★ C ★　ワクワク度 A ★★★ B ★★ C ★★

工夫あれこれ

- 作品「顔」の制作…収集した植物で作品をつくることもおすすめです。
- 「○○」探し…穴が複数ある葉を用いて顔が見つかるかなど顔探しをするのもおもしろいです。「動物の肌」探しもできそうです。

作品「顔」

葉で「顔」探し

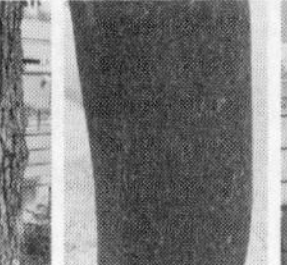

「動物の肌探し」

コラム「諸感覚」の話　1

私たちは、幼少の頃からいろいろなものを手にとってそれが何かをわかろうとしています。そして、その情報を得ることによって身近な環境を理解すると同時に、身の回りにある一つ一つのものが自分にとってどんな関係にあるものかを捉えようとしています。

小学校低学年期の子どもたちも例外ではありません。身近に出くわすものに興味を示すと同時に体の一部（例えば、手や足）をセンサーとして働かせ、情報を得ていく作業をくりかえしています。

では、そうしたセンサーから得られた情報は、どのように蓄えられていくのでしょうか。そんな疑問について、ある調査をしてみました（2019年）。小学校1年生（30名）に、触覚に関わる言語表記を分析するというものです。特に幼児期から活用され、ある種の公用語とも言えるオノマトペに着目しました。このオノマトペは、自然界に現れる音や声など、現実に聞こえる音や様子を含め、さまざまな状態や動きなどを音で表した言葉のこと全般を意味するものです。その歴史は古代ギリシャにまで遡るそうですが、そんなオノマトペは、現代の日本においても実によく使われています。日常会話でよく聞かれる「気をつけて。ブーブーが来たよ」という表現では、大抵の場合「ブーブー」はエンジン由来の音から転じて、自動車を意味します。「そこをキュッと曲がっていけば、駅に着くよ」と道案内でも使われることがあります。この場合は、大回りのイメージではなく小回りの体の動きを表す言葉として「キュッ」とが選ばれています。

さて、ここでは、具体的に「さわったらどんな感じ？」という題で、小学校の教室内によく見かけるものに対して直接触りながら（図1）、マップ形式で表現することにしました（図2、3）。結果の一部を紹介します。記述として「つるつる」「ざらざら」「ざらつる」「つるざら」「ぷにぷに」「さらさら」「ぬるぬる」「冷たい」「ぬるい」「かたい」が見られました。そこで、この10項目を取り上げました。また、対象物を自分に最も近くにあるもの（鉛筆、消しゴム、筆箱、本、水筒）、教室にあるもの（黒板、黒板消し、机、椅子、窓）に分けて、それぞれ

図1　手を使って机の上を調査中

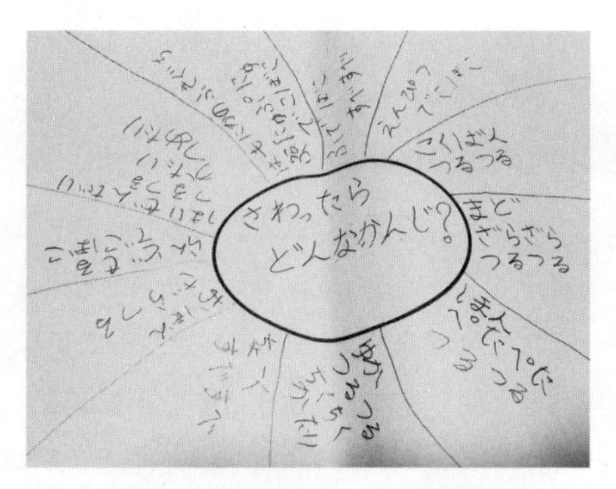

図2　子どもAが示した表現

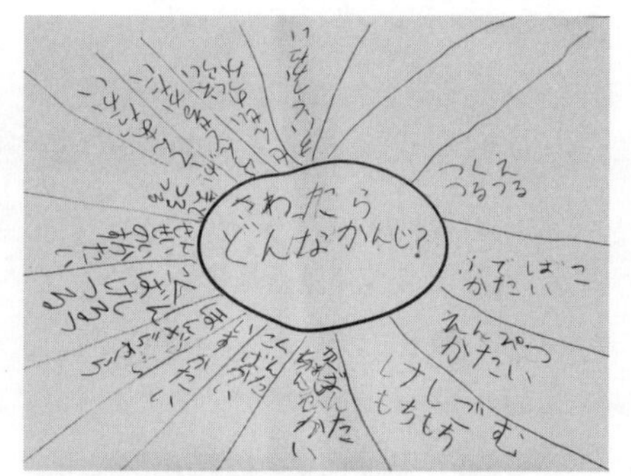

図3　子どもBが示した表現

表1　自分に最も近くにあるものを対象としたときの表現

(n=81)

対象＼表現	オノマトペ							形容詞		
	つるつる	ざらざら	ざらつる	つるざら	ぷにぷに	さらさら	ぬるぬる	つめたい	ぬるい	かたい
鉛筆	5	0	1	0	0	0	0	0	2	4
消しゴム	4	3	1	0	1	0	1	0	1	1
筆箱	6	1	0	0	2	0	1	1	0	3
本	11	6	2	1	0	0	0	1	1	0
水筒	5	2	1	1	0	1	0	5	0	6
計	31	12	5	2	3	1	2	7	4	14

※表内の数値は、件数を示す（複数回答を含む）。

表2　教室にあるものを対象としたときの表現

(n=74)

対象＼表現	オノマトペ							形容詞		
	つるつる	ざらざら	ざらつる	つるざら	ぷにぷに	さらさら	ぬるぬる	つめたい	ぬるい	かたい
黒板	8	2	2	0	0	2	1	1	2	7
黒板消し	2	7	1	1	0	0	0	0	2	0
机	6	4	4	0	0	0	0	0	0	0
椅子	4	1	1	0	0	0	0	2	0	2
窓	4	2	1	1	0	1	0	1	0	2
計	24	16	9	2	0	3	1	4	4	11

※表内の数値は、件数を示す（複数回答を含む）。

の対象物に対する表現を数え、表1・2のように整理しました。

表1および表2からもわかるように、オノマトペの表現として「つるつる」と「ざらざら」という表現が多く、特に「つるつる」は、表1・2を合わせた10種類の対象物全てに入っていました。このことから、表面の凹凸に関する感覚を表す触覚の言葉は、「つるつる」「ざらざら」「ぷにぷに」「さらさら」「ぬるぬる」など繰り返しの表現が多くあったことがわかります。また、その中で、「つるつる」、「ざらざら」の表現ではうまく表すことが難しいと感じたものには、「つる」と「ざら」の言葉をつなぎ合わせ、「つるざら」や「ざらつる」を用いることで、表現に幅を持たせる工夫があったことも明らかになっています。

さらに、子どもたちの表現には「かたい」という形容詞が多く見られました。「かたい」に関わる「カチカチ」「カンカン」などのオノマトペによる表現は見られませんでした。一方、「やわらかい」とう表現は見られませんでしたが、表面の柔らかさをとらえて、「ぷにぷに」と表現している子どももいました。このように、硬さに関する感覚を表す触覚の言葉が見られます。

また、「つめたい」、「ぬるい」という言葉があるように、対象物の温度を示すものも見られました。しかし、温度に関わるような「キンキン」「ほかほか」などのオノマトペは、ここでの調査では見当たりませんでした。「ぬるぬる」「さらさら」といった対象物の水分度合いについての表記も出てきました。これらは、特定の子どものみが記述していましたが、対象物をとらえる観点として重要な示唆を得ることができたと考えています。

以上のことから、「さわったらどんな感じ？」という触覚に焦点づけてみると、対象とする物の表面を手（または指先）で擦り合わせていく様子がもとになって、オノマトペが表出されてきていることがわかりました。そこには「湿気」と関係付けて表現する姿をとらえることもできました。これらに加え、さらに、「熱い・冷たい」が明確なものを対象化してみることや手で持った時の重さ感覚にも気付きの範囲を増やすこと、あるいは色・形状等の視覚情報によって受け止められるイメージとの相違を考えていくのも面白いでしょう。

〈資料等〉

平川晃基・溝邊和成・岩本哲也・流田絵美・佐竹利仁・坂田紘子（2019）感覚の言葉による表現に関する基礎的調査～オノマトペを中心に～、日本理科教育学会近畿支部大会、91.

第2章

アプローチ　2 「音」「日光」「磁石」

1　こんなとき、音はどうなるの？

はじめに

みなさんは、「音の性質」をどのように理解していますか。幼児期や児童期に、糸電話を作りながら声の聞こえ方がどのように変わるか試したり、大太鼓を鳴らしてどこまで聞こえるか試したりしたことはありませんか。皆さんも、幼児期からこのような体験の中で諸感覚を働かせながら、音に関する考えを生成・変化させてきたことと思います。

小学校学習指導要領（平成29年告示）解説理科編で示されたように、小学校第３学年で「音の伝わり方と大小」の内容が追加されました。「物から音が出たり伝わったりするとき、物は震えていること。また、音の大きさが変わるとき物の震え方が変わること」を理解します。そして、中学校１年生で「音はものが振動することによって生じ空気中などを伝わること及び音の高さや大きさは発音体の振動の仕方に関係すること」を学習します。

そこで、小学校３年生を対象に、諸感覚を働かせながら、どのようにして「音」に対する考えをつくりだし、変容させていくのかを調査することにしました。

〈研究事例〉

■方　法

諸感覚を働かせる活動場面と、そこに表れる子どもの考えを明らかにするため、諸感覚を働かせて捉えた「音」を絵やことばで表現する活動を設定し、子どもの考えや根拠となる理由について捉えることにしました。なお、ここでは、子どもの個々の考え等を「My説」と称して扱うこととしました。小学校３年生27名を対象として、以下の単元をデザインしました（2020年10月実施）。そして、各プロジェクトにおける実験前後で作成した「My 説」の特徴・変化を事例として抽出し、分析することにしました。

○単元名：「My 説」作成プロジェクト　こんなときどうなる？　～「音」編～
○ねらい：音を出したときの震え方に着目して、音の大きさを変えたときの違いを比較しながら、音の性質について調べる活動を通して、問題を科学的に解決するために必要な資質・能力を育成する。
○指導計画（全16時間）
・実態調査～糸電話 ver.～
　プロジェクト１　《糸電話の○○を△△してみたら》

① 実験「糸をたるませたら」 ② 実験「糸を切ったら」 ③ 実験「糸をつまむと」
④ 実験「糸を△△したら」 ⑤ 実験「コップを△△にしてみたら」
・実態調査～筒 ver.～
プロジェクト2　《筒を○○してみたら》
① 実験「筒の長さを2倍にしてみたら」 ② 実験「筒をホースにしてみたら」
③ 実験「筒を○○にしてみたら」 ④ 実験「筒の間に○○を挟んでみたら」
・実態調査～大太鼓 ver.～
プロジェクト3　《大太鼓を鳴らしてみたら》
① 実験「音楽室で鳴らしてみたら」

実態調査～糸電話 ver.～

プロジェクト前に、図1に小さい声と大きい声で「あ」と言ったとき、音はどうなっているか絵や言葉で表現するようにしました。音の大きさの違いについての表現結果を表1にまとめました。

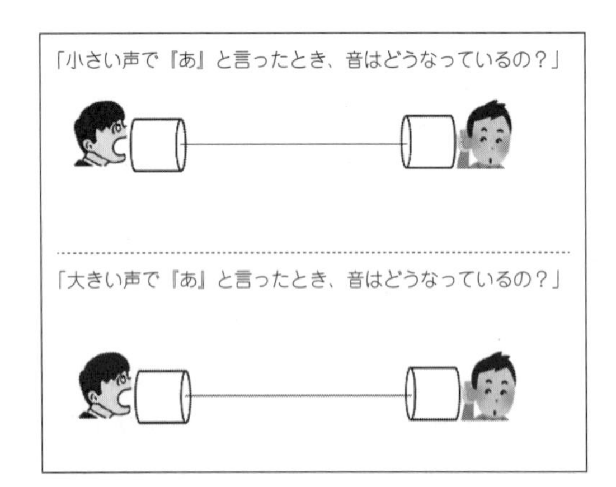

図1　「音はどうなっているの？」テンプレート

表1　音の大きさの違いを表す表現

(n=53)

表　現	人　数
色	26
線の折れ数	19
線の太さ	4
速さ	4

※複数回答含む。

音の違いの大きさを色で表現した人数が最も多く26名（96.3%）でした。小さい音を青・水色で表現した子どもは26名中11名、大きい音を赤・橙色で表現した子どもは26名中22名でした。線の折れ数での表現を19名（70.4%）がして、19名中18名が小さい音は折れ数が少なく、大きい音は折れ数が多かったです（図2）。

小さい声

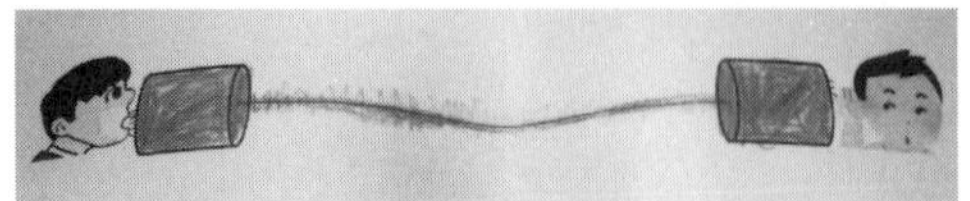

大きい声

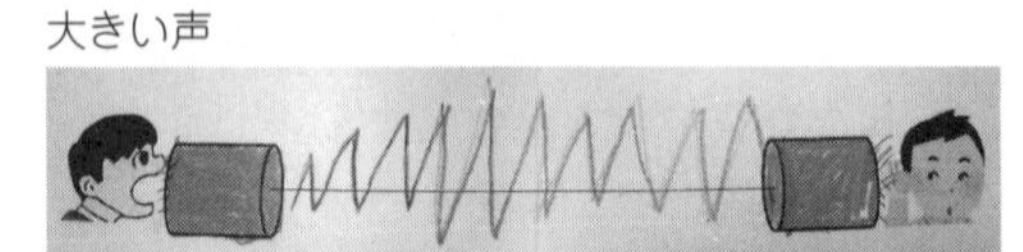

図2　音の大きさの違いを線の折れ数で表現

線の太さでの表現を4名（14.8%）がしていました。4名全員が小さい音を細い線、大きい音を太い線で表現していました（図3）。

「(小さい声は) ゆっくり聞こえる。ゆっくり進んで聞こえにくい。」「(大きい声は) 声が速くなる。」など言葉による説明をして、音の大きさの違いを速さで表現している子どもは４名（14.8％）でした。

図３　音の大きさの違いを線の太さで表現

図１のようなテンプレートを用いて、諸感覚を働かせて捉えた「音」を絵やことばで表現する姿が見られ、子どもの考えや根拠となる理由について捉えることができました。

【プロジェクト１-①　実験「糸電話の糸をたるませたら」】

実験前の「My 説（子どもの個々の考え）」の表現を見ると、「声が小さくなる」と書いている子どもは27名（100％）でした。理由として、「糸がたるむと、下に行ったら、上がるのがしんどくて、音が地面に行くと思う。」「たるむと、上に上がる時に力がしょうかされる（いきおいがたりない)。」がありました。このように、「音にも重さがあって、一旦下った音がもとの高さにもどってくるのに、音自身の重さによって力が減少し、伝わってこなくなる」といった「音の力減少説」の子どもは21名（77.8％）いました。

全員がMy 説をもった後、諸感覚を働かせて検証する場面を設定しました。すると、たるんだ糸の一番低いところで音が漏れてくるのを確かめている子ども（図４）が14名（51.9％）いました。他にも、糸を張った状態で上から下、下から上に向けて声を出して聞き比べている子ども（図５）が７名（26.0％）いました。

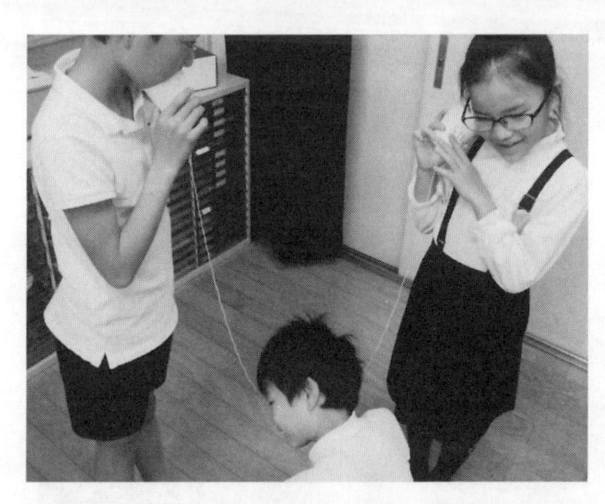

図４　たるんだ糸の一番低いところで音が漏れてくるのを確かめている様子

図５　糸を張った状態で上から下、下から上に向けて声を出して聞き比べている様子

実験後に再び、My 説を表現しました。「音の力減少説」は25名（92.6％)、糸が張っていないと糸の中を声が通れない説が２名（7.4％）でした。さらに、実験前に「音の力減少説」を考えた子ども21名に着目し、その後どのような実験をして、実験後にMy 説をどのように変容させたかを表２に整理しました。諸感覚を働かせて音を探究する子どもの姿について、概ね4タイプに整理・分類できました。

実験前後において、「音の力減少説」で「音」を捉えるといった共通点や傾向が見られました。また、「My 説」を手がかりに主に2種類の実験を計画し、聴覚を中心に働かせて検証する姿が見られました。今回の実験では実証性、再現性、客観性といった条件を十分に満たしていなかったため、「My 説」の変容が見られなかったのではないかと推察します。

表2　実験前に「音の力減少説」を考えた子どもの探究する姿

(n=21)

タイプ	実験前	実験	実験後	人数
A	たるんだところに声がたまり、地面に出てしまうから声が小さくなる	たるんだ糸の一番低いところで音が漏れてくるのを確かめる	記述変更なし	4名
B	たるんだところに声がたまり、地面に出てしまうから声が小さくなる	たるんだ糸の一番低いところで音が漏れてくるのを確かめる	声が上りにくいから声が小さくなる（記述変更あり）	10名
C	声が上りにくいから声が小さくなる	糸を張った状態で上から下、下から上に向けて声を出して聞き比べる	記述変更なし	5名
D	声が上りにくいから声が小さくなる	糸を張った状態で上から下、下から上に向けて声を出して聞き比べる	糸が張っていないと糸の中を声が通れない（記述変更あり）	2名

【プロジェクト1-②　実験「糸電話の糸を切ったら」】

実験前の「My 説」を見ると、「声が聞こえなくなる」と書いている子どもは27名（100%）でした。理由として、「糸の先から声が出ていくから」（図6）と記述した子どもは15名（55.6%）でした。全員が My 説をもった後、諸感覚を働かせて検証する場面を設定したところ、27名全員が糸の先から音が聞こえるか確かめていました（図7）。このように、「My 説」を手がかりに切った糸の先に着目して実験を計画し、聴覚を中心に働かせて検証する姿が見られました。

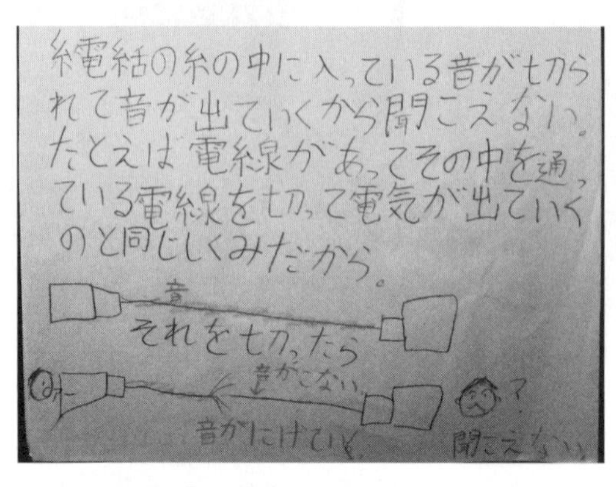

図6　My 説「糸の先から声が出ていくから声が聞こえなくなる」

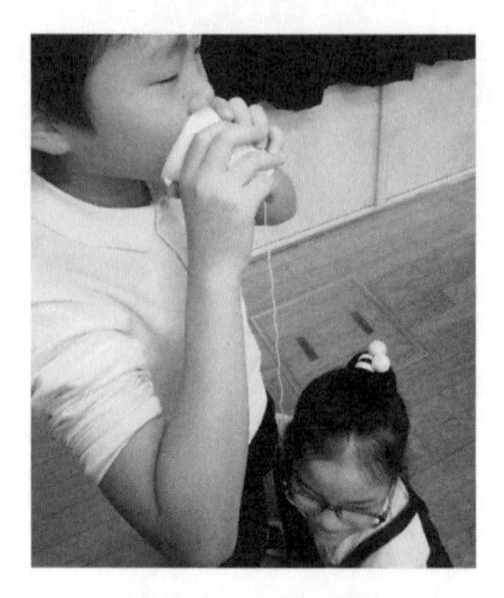

図7　糸の先から音が聞こえるか確かめる様子

実験後に再び、My 説を表現しました。糸の先から音が聞こえるか確かめた後でも、My 説を変えなかった子どもは20名（74.1%）でした。このことから、実験前後において、切った糸の先までは音が伝わると考える傾向や共通点が見られました。また、糸の先から音が聞こえるか確かめる実験では、諸感覚を働かせた音の捉えの変容につながりにくいと考えられます。7名（25.9％）は、「糸が張っていないと糸の中を声が通れないから声が聞こえなくなる」とMy説を変容させていました。

【プロジェクト1-③　実験「糸電話の糸をつまむと」】

実験前の「My説」を見ると、「つまんだ場所で声が聞こえなくなる」ことを線の有無で表現していた子どもは19名（70.4％）でした。そして、「My説」を手がかりにつまんだ糸の場所に着目して、触覚を中心に働かせて検証する姿が27名全員に見られました。実験後に再び、My説を表現しました。実験前に「線の有無」でMy説を表現した子ども19名に着目し、諸感覚を働かせて検証し、実験後にMy説をどのように変容させたかを調べました。指に伝わる振動に気付いた後、振動を線の折れ数で表現した（実験前後で記述変更無し）子どもは16名、振動を線の太さで表現した（実験前後で記述変更有り）子どもは3名でした。このように、振動を折れ数で表現する傾向が見られました。触覚を働かせて振動を捉えた（実験）後は、「音」を振動と関係付けて捉えるようになることがわかりました。触覚を働かせて振動を捉える実験は、概念の変容につながりやすいと考えられます。

【プロジェクト1-④　実験「糸電話の糸を△△したら」】

特徴的な事例を3つ紹介します。

図8のように、My説「色によって響き方が違う」と考える子どもがいました。その子どもは、「水色（明るい色）は声が好きで、赤色（濃い色）は声が嫌いだ」と考えました。実験後、My説を「声の響き方は色とは関係ない」と変容させました。

図9のように、My説「金属の中で声が動き、声が強くなるので、糸を針金にしたら声が大きくなる」と考えた子どもがいました。針金を触って振動を確かめながら実験しMy説を「金属の中だと声が動きやすいので、糸を針金にしたら声が響く」と変容させました。

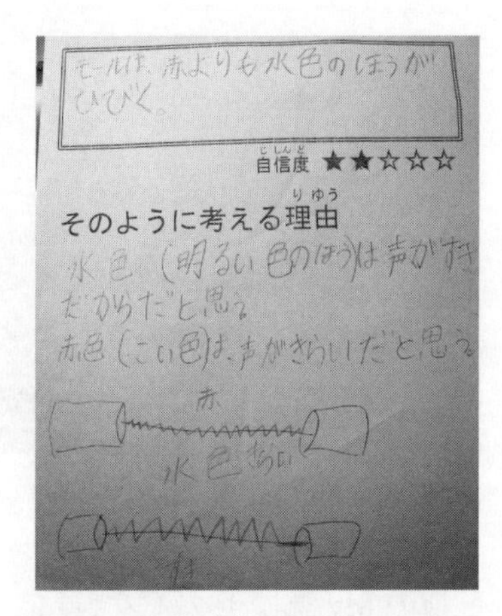

図8　My説「糸の色によって声の響き方が違う」

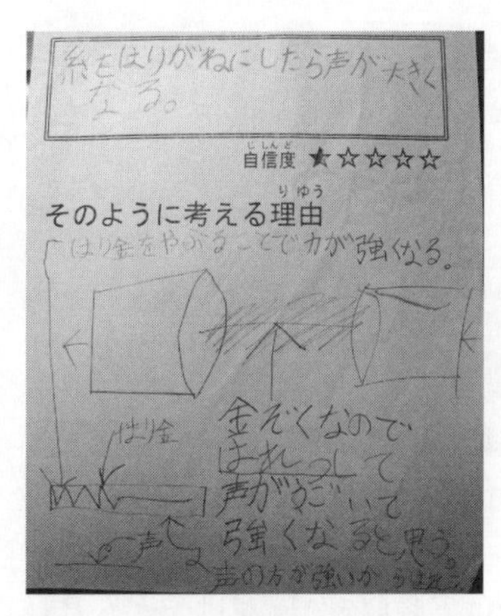

図9　My説「糸を針金にすると声は大きくなる」

図10のように、My 説「糸を足しても声は聞こえる」と考える子どもがいました。理由を「途中で声がぶつかり合って大きくなるから」だそうです。糸がどのように振動しているか糸をたどって触りながら実験していました。実験後、My 説の変容はなく、自信度がアップしていました。

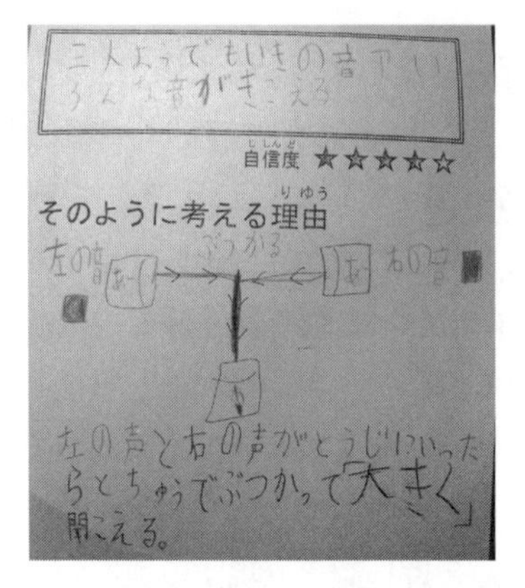

図10　My 説「糸を足しても声は聞こえる」

ここでは、「My 説」を手がかりに糸の材質に着目して実験を計画し、聴覚、視覚、触覚を中心に働かせて検証する姿が見られました。諸感覚を働かせて意欲的に探究する子どもの姿が多く見られました。

【プロジェクト1-⑤　実験「糸電話のコップを△△にしてみたら」】

特徴的な事例を2つ紹介します。

子どもAは図11のように「コップが小さければ音がコップの中で跳ね返って一カ所に集まり、音が高くなる」と予想しました。コップの大きさを変えて実験し、その後、図12のように「コップが大きいほど振動が広がり、音が響く」と My 説を変容させました。

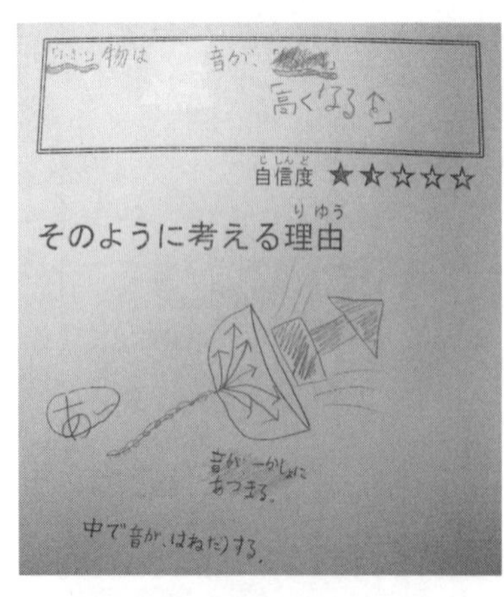

図11　実験前の My 説「コップが小さいと、音が高くなる」

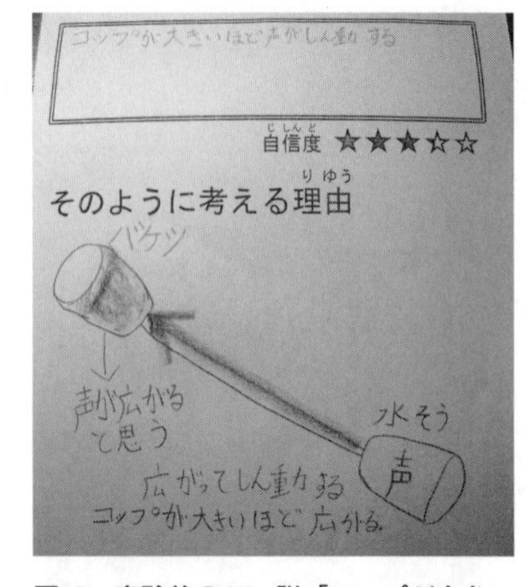

図12　実験後の My 説「コップが大きいほど、音が響く」

子どもBは実験前の My 説は子どもBは実験前の My 説は「コップではなく、木の板にしたら、音が分散して、よく聞こえる」としていました。それを確かめるために木の板で実験をしたところ、音があまり聞こえませんでした。そこで、紙やプラスチックなどコップの材質に着目して実験をして、実験後、「紙よりプラスチックの方がよく聞こえる」（図13）といったMy説に変容させました。ここでも、「My説」を手がかりにコップの形状や材質に着目して実験を計画し、聴覚、視覚、触覚を中心に働かせて検証する姿が見られました。諸感覚を働かせて意欲的に音を探究する子どもの姿が多く見られました。

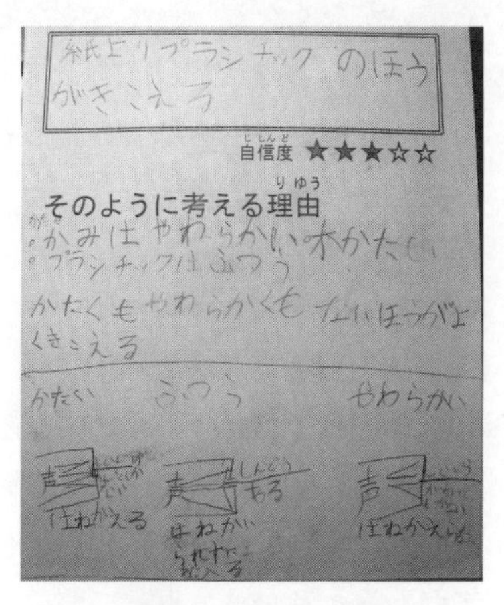

図13　実験後のMy説「紙よりプラスチックの方が、音がよく聞こえる」

■実態調査〜筒 ver. 〜

【プロジェクト2-①　実験「筒の長さを2倍にしてみたら」】

実験前の「My説（子どもの個々の考え）」の表現を見ると、図14のように「筒の長さを2倍にしたら、声の跳ね返りの数も増えるので声が2倍大きくなる」と書いている子どもは10名（37.0％）でした。この10名は、My説を検証した後、どのようなMy説を考えたでしょうか。変容がなかった子どもは5名、「跳ね返りの数と声の大きさは関係ない」といった変容があった子どもは5名でした。

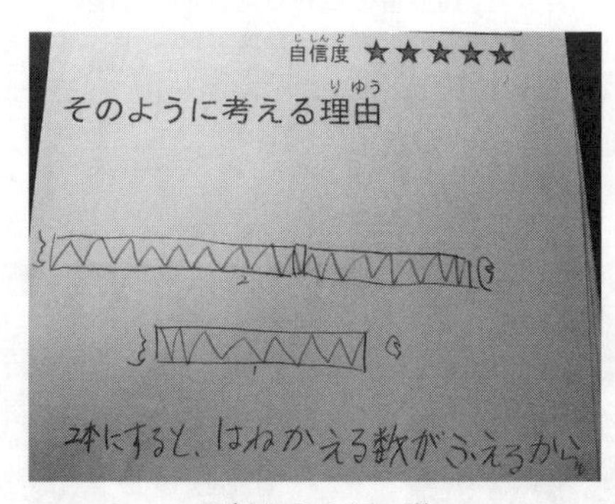

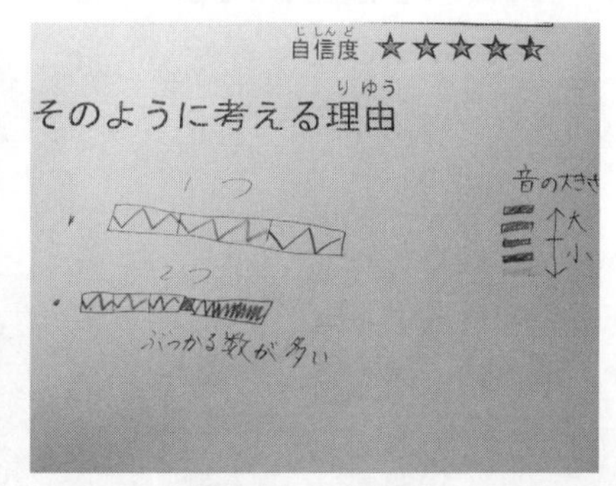

子どもCのMy説　　子どもDのMy説

図14　My説「筒の長さを2倍にしたら、声の跳ね返りの数も増えるので声が2倍大きくなる」

【プロジェクト2-②　実験「筒をホースにしてみたら」】

実験前の「My説」の表現を見ると、「ホースはやわらかいので、音がよく跳ね返るから大きくなる」が14名（51.9%）、「やわらかいので、音が跳ねにくいから小さくなる」が13名（48.1%）でした。検証後、この27名のうち約半数の15名が「筒の柔らかさは音の大きさには関係がない」といったMy説に変容しました。

この他にも、実験前に「ホースが曲がっていても音はホースの中を通ることができるから聞こえる」と考えた子どもが20名（74.1%）いました。検証後、20名中８名が「くねくねしていると音が通りにくく、勢いがなくなるから小さくなる」と考えました。このことを、ジェットコースターにたとえてMy説を表現する子どももいました。「曲がっているから音がたくさんホースにぶつかって振動が小さくなる」と考えた子どもは20名中12名でした。

■実態調査～大太鼓ver.～

【プロジェクト３-①　実験「音楽室で鳴らしてみたら」】

大太鼓を部屋の中心で鳴らしたとき、音がどのように広がるかについて、音を鳴らす前に「My説」で表現しました。図15のように音の広がりを直線もしくは波線で表現した子どもは22名（81.5%）、図16のように同心円で表現した子どもは５名（18.5%）でした。また、８名（29.6%）は「ドアがあると音が跳ね返って聞こえない」と表現しました。

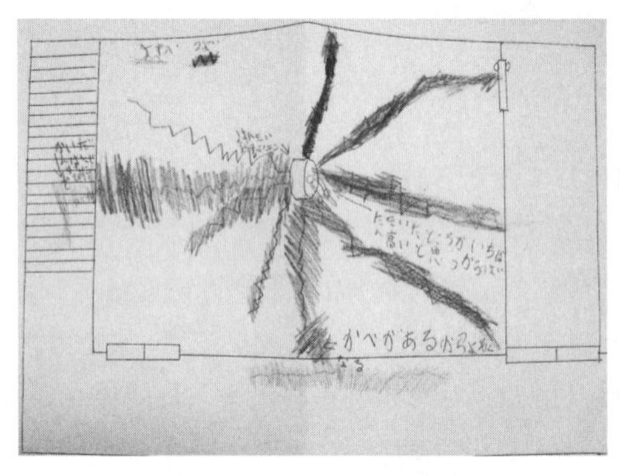

図15　音の広がりを直線もしくは波線で表現

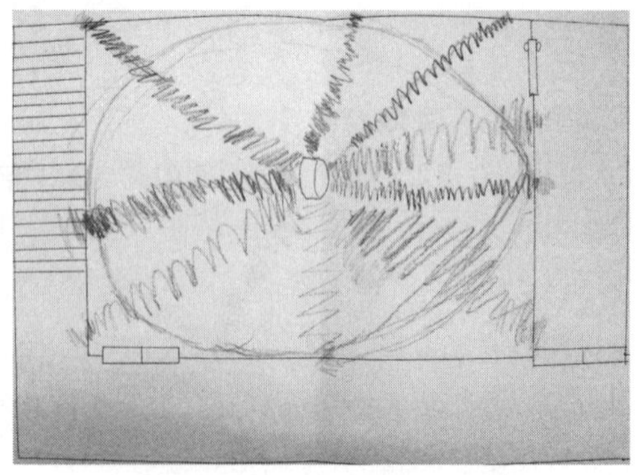

図16　音の広がりを同心円で表現

子ども一人一人が自分の「My説」が正しいかどうか、壁に耳を近づけたり（図17）、壁を触ったり（図18）、ドアの外で音が聞こえるか確かめたり（図19）して、検証しました。

図17　壁に耳を近づける

図18　壁を触って

図19　ドアの外で

検証後、図20の子どもＥ「My説」のように「音が壁にぶつかって、壁が地震みたいになる。音が壁を通り抜けて、外まで聞こえる」といった表現や、子どもＦ「My説」のように「壁だけでなく、部屋の外の物も震えていた」と「共振」に気付いている表現がありました。

子どもEのMy説

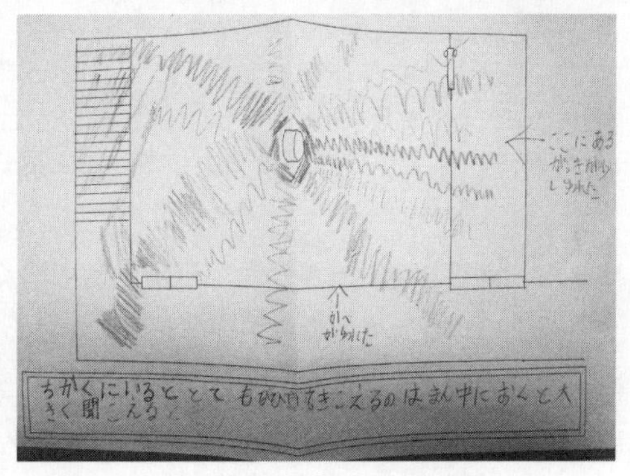

子どもFのMy説

図20　検証後、音の広がりを表現

ま と め

諸感覚を働かせて捉えた、目に見えない「音」に対する多様な表現が可能です。特に、色や線で表現しやすく、オノマトペや比喩表現をはじめ、言語による補足説明も見られます。これらの表現には共通点や傾向が見られます。これは、その後の追究場面で有効な観点となるでしょう。紹介した事例のように、実験前の「My 説」を作成することで、着目する点を明確にすることができます。「My 説」を手がかりに実験を計画し、諸感覚を（聴覚、触覚、視覚を中心に）働かせて検証する姿が多く見られます。プロジェクト1-③「糸電話の糸をつまむと」では、特に触覚を働かせて振動を捉え、振動を折れ数で表現する傾向が見られます。「音」を振動と関係付けて捉えるといった「My 説」の変容につながり、より確かなものにする様子を見て取ることができます。一方、「My 説」の変容が見られなかった場面がありました。特に目に見えない空気を振動することは捉えにくいのでしょう。いくつかの実験あるいは何度も繰り返す実験の用意をしましょう。本プロジェクト「こんなときどうなる？」（教材を変化させていく過程）は、諸感覚を働かせて意欲的に音を探究する子どもの姿が多く見られるので、おすすめです。

〈資料等〉

岩本哲也・溝邊和成・寺西絵美（2018）諸感覚を働かせ、自らの考えを生成・変化させる理科授業、小学校第3学年「音の性質」（新単元）を事例として、日本理科教育学会中国支部大会発表要旨集（67）25.

試みたい活動 ①

音ってなあに

普段、当たり前に耳から聞こえてくる音。耳以外の体の部位で感じたことはありますか？様々な音を、体全体の諸感覚で感じてみると面白そうですね。

ねらい　諸感覚全般を働かせ、日常生活で聞くことがない音（音楽）を身体を通してどのように捉えているのか理解を深めることができる。

準　備　太鼓（ティンパニー）、スピーカー

手　順　① 音を聞いて、「どんな感じがする？」と問いかけ、特徴を意識するようにする。
② 特徴の記録をとる（説明文、オノマトペ、イラスト、色、記号、…）。
③ それぞれの捉えを表にまとめていく。
④ 音の様々な捉え方に気付く。

ポイント　音の捉え方にも、体がゆれる（触覚）、耳がいたい（聴覚・触覚）、むずむずする（触覚）、空気の移動を感じる（触覚）、床やものが震えている（視覚）など諸感覚で音を感じることができます。できる限り環境を整えておくことが大切です。

おすすめ度 A ★★★ B ★★ C ★　難易度 A ★ B ★ C ★　ワクワク度 A ★★ B ★★ C ★

工夫あれこれ

- チャレンジ「音さがし」シリーズ…「体が揺れる音さがし」「風を感じる音さがし」「物と物が触れ合う音さがし」「物が揺れて出る音さがし」「オノマトペに出てくる音さがし」「響く音さがし」「こだまさがし」などが考えられます。
- 音が出ているものを触ろう…鳴っている鐘に触れたり、奏でている楽器を触ったりしてみましょう。話している糸電話の糸にも触れてみましょう。
- 音が出る物づくり…弦楽器や打楽器を作ってみましょう。

試みたい活動 ②

雨が降ったら、ミュージックスタート！

雨が降るといろんな音が出るのを知っていますか？　身近なものを使って、音を出してみましょう。思いがけない音に出合えるかも!?

ねらい　雨が様々な身近なものに当たり、奏でる音の違いを楽しむことができる。

準　備　お皿　食品トレー　フライパン　コップ（素材・大きさの違うもの）　ボウル　鍋　お盆（木製、鉄製）など

手　順　① 用意した物を雨の当たるところに置く。

② どんな音が鳴るかじっくり聞く。

ポイント

- 同じような音が出る物と置く場所のマップを使って表現してみましょう。
- 音階がわかったら、ドレミファソラシドで並べてみましょう。
- 雨の音を水とトレイなどを使って再現してみるのもいいですね。

おすすめ度 A ★★★ B ★★ C ★　難易度 A ★ B ★ C ★　ワクワク度 A ★★★ B ★★ C ★

工夫あれこれ

- 「雨の音」再現動画づくり…楽器だけを使って、雨の音再現動画を作成してみよう。水を使った場合、使わなかった場合、それぞれ雨の音を再現する動画集も面白いかも！
- 自然の水音に耳を傾ける…河川の水が流れる音、滝つぼに水が落ちる音、海辺に寄せてくる波の音など様々なシチュエーションでの音を聞いて比較してみよう。
- 家の中の水音集め…日常生活を営む家の中で、水音が表れるのは、いつ、どこで、どんなものから音が聞こえてくる場合でしょうか。それらの水音には共通点がありますか。あるとしたら、どんなことですか。「シャワーの水音」「蛇口から出る水音」「洗濯機の水音」「トイレの水音」「洗面所の水音」などを録音し、分析してみよう。

試みたい活動 ③

水溶液を叩くと音が変化!?

身の回りには様々な水溶液が存在しています。水溶液と言われると、視覚や嗅覚を使った捉え方は行いますが、聴覚はあまり使われていません。しかし、実際には、温度や溶質によって音の伝わり方には微妙な違いがでてくるのです。

ねらい　聴覚を用いた水溶液の判別ができる。

準　備　水溶液（様々な種類）、ばち、コップ（紙、ガラス、金属、木、プラスチック）

手　順　① 同じコップを使い、水溶液の量を変え、叩いてみる。
② 同容量の異なる水溶液を用意して、叩いてみる。
③ 叩いた音にどのような違いがあるのかを分析する。

ポイント　温度を変化させたり、コップなどを変化させたりすることでも音が変わってきます。ばちの種類（金属製、木製など）を変えてもよいでしょう。聴覚以外の観点をもって考えてみても、面白いお楽しみ活動に発展しそうです。

おすすめ度 A ★★ B ★★★ C ★★　難易度 A ★ B ★ C ★　ワクワク度 A ★★★ B ★★★ C ★★

工夫あれこれ

- こだわりの音セット（楽器）をつくって、簡易音楽会を開いてみましょう。
- 一定の温度の水で、いろいろな音ができるようコップを変えてみるとよいでしょう。
- 一つの種類の水溶液の濃度を変えて音の変化を比べてみることもできます。
- 水の量と音の高低を関係付けて、音階をつくってみましょう。

2　目に見えない「音」を表現

はじめに

前節の「こんなとき、音はどうなるの？」では、小学校３年生を対象に、諸感覚を働かせて捉えた、目に見えない「音」に対する表現を紹介しました。多様な表現が可能であり、特に色や線で表現しやすいことが考察されました。では、小学校３年生以外の子どもは、「音」をどのように捉えているのでしょうか。ここでは、子どもがもつ「音」に対する理解を、描画事例（絵や言葉によって示された作品）を基に紹介します。年齢の異なる子どもがどのような表現をするのか、また、表現に共通点や傾向があるのか調べました。

〈研究事例〉

■方　法

４歳児24名・５歳児25名、小学校１年生29名・２年生17名・３年生23名を対象に、以下の手順で調査しました（2019年６月実施）。

① 指導者が鳴らす大太鼓の音を聞き（図１）、大太鼓の音がどこから出て、どのように伝わってくるのか、線と色、言葉でワークシート（図２）に表現する（１回目）。

図１　指導者が鳴らす大太鼓の音を聞く様子

なまえ(　　　　)

図２　ワークシート

② ①をもとに、聞く場所を変えたり、床や壁を触ったりして、大太鼓の音を調べる。

③ ①同様、線と色、言葉で表現する（２回目）。

そして、子どもが表現した音が伝わる様子を、線の本数・種類・通り道、色、言葉ごとに分類とともに個数を数えて、１回目と２回目で比較しました。

①子どもの作品例（１回目）　②床に耳を近づけ大太鼓の音を調べる様子　③子どもの作品例（２回目）

【線の本数】

図３－①、図３－②、図４－①、図４－②のような表現が見られました。このような子どもの作品を基に、線の本数を比較しました。その結果を表１にまとめました。

図３－①　４歳児Ａの作品（１回目）

図３－②　４歳児Ａの作品（２回目）

図４－①　３年生Ｂの作品（１回目）

図４－②　３年生Ｂの作品（２回目）

表１　線の本数の比較

（n=118）

変　化	４歳児（24名）	５歳児（25名）	１年生（29名）	２年生（17名）	３年生（23名）
増　加	11	10	14	8	11
無　し	7	11	3	6	6
減　少	6	4	12	3	6

※表内の数値は、人数を示す。

線の本数が増加した４歳児は11名（45.8％）、５歳児10名（40.0％）、１年生14名（48.2%）、２年生８名（47.1%）、３年生11名（47.8%）でした。どの年齢にも半数近く見られた本数の増量変化は、②の活動に基づく音の量や広がり等の表現と解釈されます。

【線の通り道】

図５のように、上、中、下、地面の４つに分け、描いた線が４つのうちのどの部分を通っているか調べました。図６-１、図６-２を例にすると、１回目は「中」を通り、２回目は「上」「中」「下」「地面」を通っていると判断し、通過場所が「増加」したと分類しました。このように、１回目と２回目で通り道がどのように変化したかを整理し、結果を表２にまとめました。

図５　描いた線の通過場所

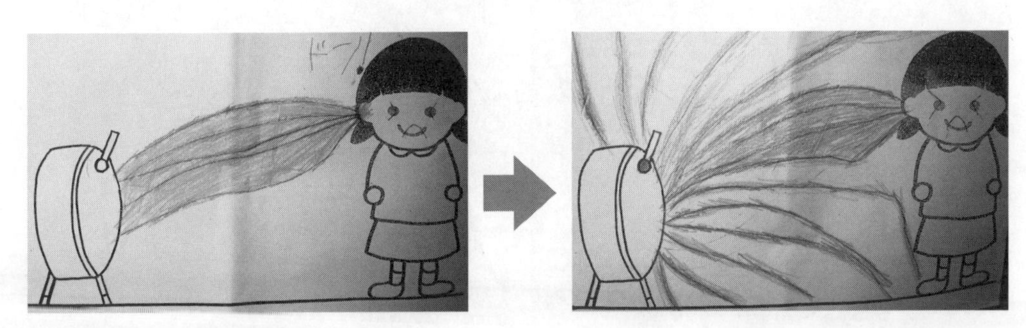

図６-１　２年生Ｃの作品（１回目）　　**図６-２　２年生Ｃの作品（２回目）**

表２　線の通り道の比較

(n=118)

変　化	４歳児（24名）	５歳児（25名）	１年生（29名）	２年生（17名）	３年生（23名）
増　加	10	5	16	8	10
無　し	9	15	8	7	8
減　少	5	5	5	2	5

※表内の数値は、人数を示す。

線の通過場所（上・中・下・地面）を増加させた割合は、１年生16名（55.2%）で最も多かったです。線の通り道の増加は、図７、図８のような音を調べる活動に基づく「音の広がり」の表現と解釈されます。

図7　上の方を音が通っているか調べる様子

図8　地面を音が通っているか調べる様子

【線の種類】

図9、図10のような音を曲線で表現する作品が見られました。曲線に着目して比較し、結果を表3にまとめました。

図9　音を波線で表現

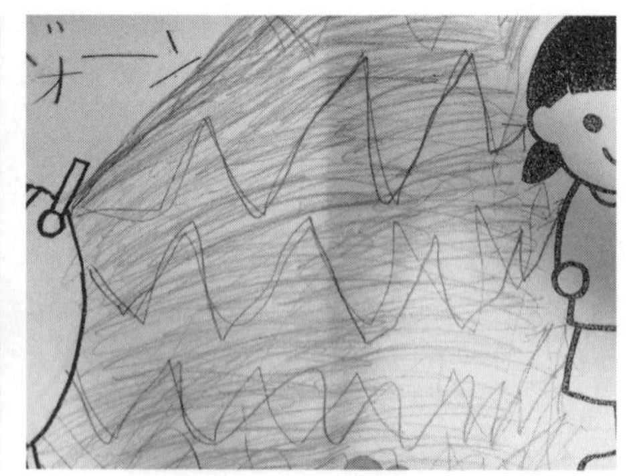

図10　音をジグザグ線で表現

表3　曲線の比較

(n=118)

曲線の表現		4歳児(24名)	5歳児(25名)	1年生(29名)	2年生(17名)	3年生(23名)
1回目	2回目					
有	有	12	14	15	12	22
有	無	5	5	6	4	0
無	有	4	6	6	0	0
無	無	3	0	2	1	1

※表内の数値は、人数を示す。

①の時に曲線を描いた4歳児は17名（70.8%）、5歳児19名（76.0%）、1年生21名（72.4%）、2年生16名（94.1%）、3年生22名（95.7%）でした。曲線での表現は、これまでの経験や1回目の表現前の活動に基づく音の振動の表現と思われます。②の活動後、直線から曲線に変わった割合が最も高かったのは5歳児（24.0%）で、波数が増加した割合が高かったのは3年生（52.2%）でした。波数の増加は、音を調べる活動に基づく音の振動や大小、強弱の表現と考えられます。

【色】

①の時（1回目）に描いた作品を基に、いくつの色を使っているか調べた結果が表4です。①の時に複数の色で表現した割合が各クラスで最も多く、特に2年生では14名（82.4%）でした。複数での表現は、これまでの経験や1回目の表現前の活動に基づいて、場所による音の聞こえ方の違いを表現したと思われます。

使用した色数の変化に着目して比較し、結果を表5にまとめました。4歳児は10名（41.7%）、5歳児10名（40.0%）、1年生13名（44.8%）、2年生4名（23.5%）、3年生7名（30.4%）でした。色の種類を増加させた割合は、各クラス20%～45%であり、②の活動を基に、場所による音の聞こえ方の違いを表現したと思われます。

表4　色数による表現（1回目）

(n=118)

数	4歳児（24名）	5歳児（25名）	1年生（29名）	2年生（17名）	3年生（23名）
3以上	10	8	11	12	7
2	2	7	7	2	7
1	12	10	11	3	9

※表内の数値は、人数を示す。

表5　色数の比較

(n=118)

変　化	4歳児（24名）	5歳児（25名）	1年生（29名）	2年生（17名）	3年生（23名）
増　加	10	10	13	4	7
無　し	7	10	9	10	10
減　少	7	5	7	3	6

※表内の数値は、人数を示す。

【言　葉】

図11のように、言葉による表現の変化が見られました。このような子どもの作品を基に、言葉の変化を比較しました。その結果を表6にまとめました。言葉の変容が最も見られたクラスは1年生25名（86.2%）でした。「ドーン」から「ドドドドーン」や「ドーンドーンドーン」などの変容が見られ、②の活動に基づく音の振動や広がりの表現と考えられます。

図11-①　1年生Dの作品（1回目）

図11-②　1年生Dの作品（2回目）

表６　言葉の比較

(n=118)

変　化	４歳児 (24名)	５歳児 (25名)	１年生 (29名)	２年生 (17名)	３年生 (23名)
有	7	10	25	10	14
無	17	15	4	7	9

※表内の数値は、人数を示す。

ま と め

目に見えない「音」に対する、諸感覚を（聴覚、触覚を中心に）働かせて捉えた多様な表現が４～９歳児の全クラスにおいて可能でした。描画事例に見られた共通点や傾向は、子どもの「音理解」に関する学習過程改善への一助となります。さらに、音の捉えをより確かなものにするため、作品の変化と活動の関係性を詳述することも考えられます。子どもの実態に応じて、作品の変化と活動の関係性を記述したり、説明したりする場面を設定したり、いくつかの実験あるいは何度も繰り返す実験の用意をしたりするとよいでしょう。

〈参考資料等〉

岩本哲也・溝邊和成・流田絵美・平川晃基（2019）４～９歳児の音理解に関する基礎的調査、描画法による比較を中心に、日本理科教育学会全国大会発表要旨集 (69)303.

試みたい活動 ①

音当てクイズ

一言で「太鼓」と言っても、大きさや形、素材などイメージするものは人それぞれですね。ここでは、様々な素材や大きさによる音の違いを感じ取ってみましょう。

ねらい　「視覚」「聴覚」を働かせることができる。
ここでは特に視覚優位で音を捉えるように促すことができる。

準　備　色の異なる太鼓
大きさの異なる太鼓
素材の異なるばち（竹、プラスチック）

手　順　① 子どもたちに対象物を見せ、鳴る音を絵や言葉で予想する。
② 実際に対象物がどのような音が鳴るか検証する。

ポイント　視覚優位にするために、同一のもので色や大きさ、材質に変化をつけることが大切です。ここでは、視覚優位のため対象物を先に見せる形式にしていますが、対象物を隠して音を聞き、何を叩いたか予想させることで聴覚優位の活動にすることもできます。

おすすめ度 A ★★★ B ★★★ C ★★　難易度 A ★ B ★ C ★　ワクワク度 A ★★ B ★★ C ★

工夫あれこれ

- 音当てクイズ（動画編）…商店街の様子、道路周辺、空港・鉄道風景、動物の鳴き声、河川の様子、海岸風景などの映像（音無）から、音を想像します。
- 気になる音大集合…自分でテーマを決めて、調査として録音したり、ネット検索等で動画を集めたりしましょう。例として、動物鳴き声編、スポーツ編、機械・道具編、乗り物編、楽器編、体から出る音（歌声、食べる音、いびき等）編、気持ち良い（悪い）音編、騒音編などが考えられます。
- 音の地図（サウンドマップ）の作成…自分を中心に前後左右・頭上を含め、平面地図または立体地図を作成します。その際、音を図や記号、オノマトペ等で表し、その位置関係や広がり・動きなどを表すようにします。音の風景画としても面白いです。

試みたい活動 ②

体を使って出せる音

体のどの部分から音が出るかな!?　手や足、指、唇など、擦ったり、叩いたりして、いろんな音を出してみましょう。

ねらい　体の様々な部分を動かしたり、働きかけたりして様々な音をつくり出すことができる。

準　備　体

手　順　① 自由に体を動かしてどんなところから、どんな音が出るのか試す。(手を叩く、腕を叩く、足ぶみをして鳴らす、指を鳴らす、唇を鳴らすなど)

② 友だちと音を合わせたり、重ねたりして、音を体で表現する。

ポイント　体から出る音、体を使ってできる音などたくさん集めておいて、音楽や歌に合わせ、体を使って音を出してみよう！

おすすめ度 A ★★★ B ★★ C ★　難易度 A ★ B ★ C ★　ワクワク度 A ★★★ B ★★ C ★

工夫あれこれ

- 体マップに動かし方と音を表して、そのデータを QR コードのアクセス付き動画にしておくと、いつでも見れる「体の楽器」ができます。
- 友だち同士で手を合わせたり、擦ったりするのも面白そうです。
- ボディパーカッション○○大会…体の部位別に個人競技を行ったり、団体戦を組み入れたりして、他の音源とコラボさせた「体を使ったサウンドアート」を楽しみましょう。
- 音楽「手をたたきましょう」に合わせることも考えられます。「おひざを叩きましょう♪」など「～を叩きましょう♪」に合わせて、体を動かして音をつくりましょう。
- 体を使ってできる音で、音階づくりにチャレンジしましょう。
- 「音の出るカラダ」の絵（色・形・オノマトペ付き）を描きましょう！
- 「音図鑑〈子どもの体編〉」を編集！

3　日なたと日陰の地面はどう違う？

はじめに

「日なたぼっこしよう」「日陰で休もう」と思ったことありませんか。私たちは幼い頃の経験や学びから、「暖かさが違う」「明るさが違う」など、日なたと日陰の地面の違いを認識しています。では、いったいどのように諸感覚を働かせながら、違いを認識するようになったのでしょうか。その過程は、人によって違うかもしれません。

そこで、子どもが諸感覚を働かせて「日なたと日陰の地面の様子の違い」を捉える場合、どのような問題を見いだし、問題解決を進めていくかを調査しました。子どもが諸感覚を働かせて調べる様相の特徴を明らかにしました。

〈研究事例〉

■方　法

小学校３年生27名に対し、理科「太陽と地面の様子」の学習を始める前に、以下の手順で調査しました（2019年10月実施）。

① 諸感覚（視覚、触覚、聴覚、嗅覚）を明示し、日なたと日陰の地面の様子の違いについて、問題①を見いだし、ノートに記述する。
② 見いだした問題①に対して、検証計画を立案し、実験（以下、観察も含む）を行う。結果をノートに記録し、考察する。
③ 考察を学級全体で共有した後、新たに問題②を見いだし、ノートに記述する。

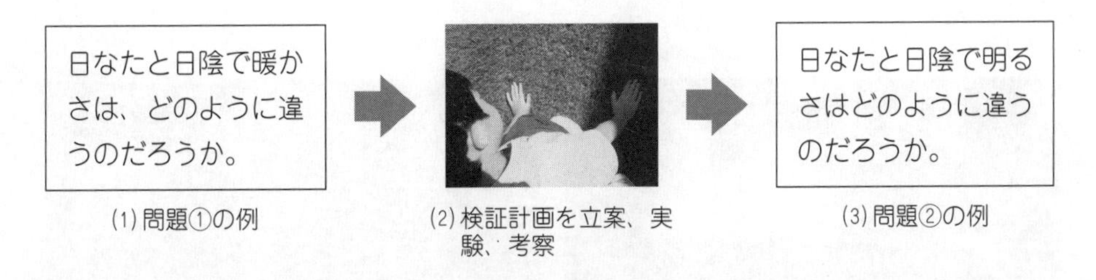

(1) 問題①の例　(2) 検証計画を立案、実験、考察　(3) 問題②の例

そして、子ども一人一人のノートの記述を対象として、見いだした問題と実験方法に焦点付けて、それぞれの特徴・変化を事例として抽出しました。

【見いだした問題 ①】

子どものノートの記述を基に、３つに分類しました。「日なたと日陰で暖かさはどのように違うのだろうか」「日なたと日陰の暖かさに違いがあるのだろうか」などの問題を「暖かさ」、「日なたと日陰で明るさはどのように違うのだろうか」「日なたと日陰の明るさに違うのだろうか」などの問題を「明るさ」、「日なたと日陰の湿り具合はどのように違うのだろうか」「日なたと日陰のじめじめ度は違うのだろうか」などの問題を「湿り気」としました。

「日なたと日陰の地面の様子の違い」について、子どもがどのような問題を見いだしたかを整理した結果が表１です。暖かさに関する問題を記述した子どもが最も多く18名（66.7％）でした。聴覚と嗅覚に関係する問題を見いだすことはありませんでした。

表１　見いだした問題①

(n=27)

問題①	人　数
暖かさ	18
明るさ	7
湿り気	2

【問題①を解決するための実験方法】

自分が見いだした問題①に対して、どのような方法で解決していったかを表２にまとめました。なお、実験方法については、すべて子どもの発想によるものです。

表２　見いだした問題①に対する実験方法

(n=27)

問題①	実験方法	人　数
暖かさ	水を手と温度計で調べる	7
暖かさ	水と土を手と温度計で調べる	6
暖かさ	土を手と温度計で調べる	3
暖かさ	石と鉄を手と温度計で調べる	2
明るさ	水と木を置き、色の違いで調べる	6
明るさ	石の色の違いで調べる	1
湿り気	手に付く土の違いで調べる	2

「水を手と温度計で調べる」姿として、水たまりを手で触って（触覚を主に働かせ）、「日なたの方は、あったかい」「日陰の方は、つめたっ！」と発言し、温度計で水温を測っている（視覚を主に働かせている）様子（図１）が見られました。カップに水を入れて、日なたと日陰に置き、しばらくしてから水温を測る（視覚を主に働かせる）姿（図２）も見られました。

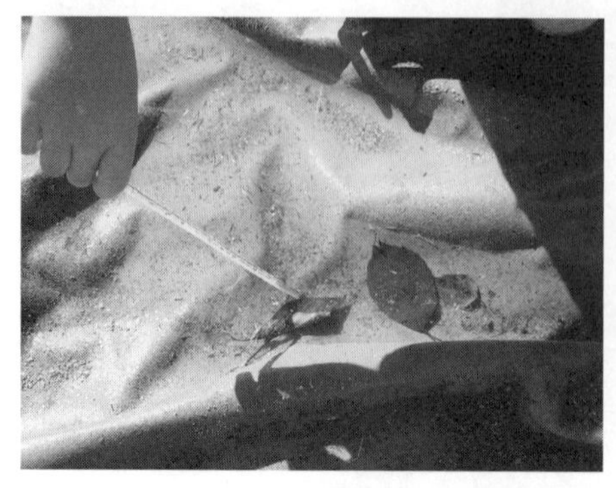

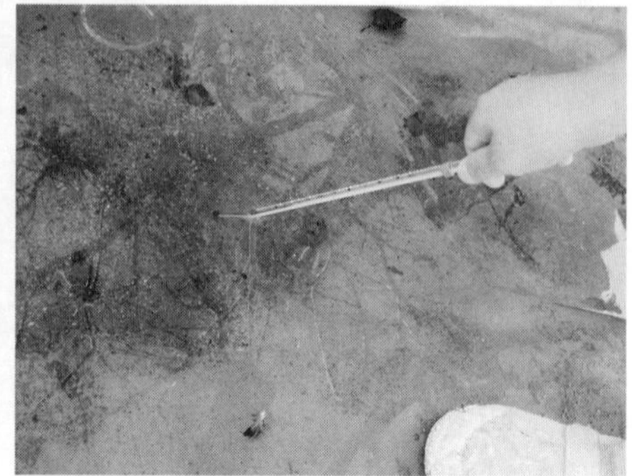

図１　水たまりの水温を温度計で測る様子（左：日なた、右：日陰）

図２　カップに入れた水の水温を温度計で測る様子（左：日なた、右：日陰）

「土を手と温度計で調べる」姿として、図３の左のように、両手で土を触って（触覚を主に働かせ）、「日なたの方は、あったかく、日陰の方は冷たい」「全然違うね」と発言し、図３の右のように温度計で土を測っている（視覚を主に働かせている）様子が見られました。

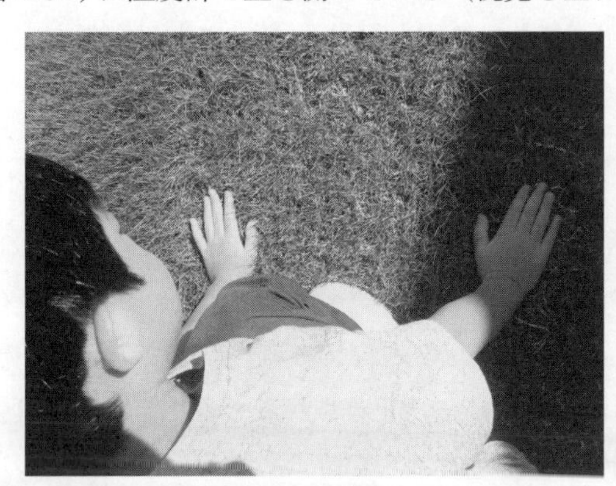

図３　日なたと日陰に水と木を置き、色の違いで調べる様子

図４（左）のように、日なたと日陰に水と木を置き、色の違いで調べる子どもがいました。日なたに置いた水を見て（視覚を主に働かせて）、「明るい」「きらきらしている」「白っぽい」、日陰に置いた水を見て「暗い」「灰色」と言う子どもや、図４（中央・右）の様子を見て「日なたに置いた鉛筆（木）は黄土色で、日陰の方は焦げ茶色」と言う子どもがいました。

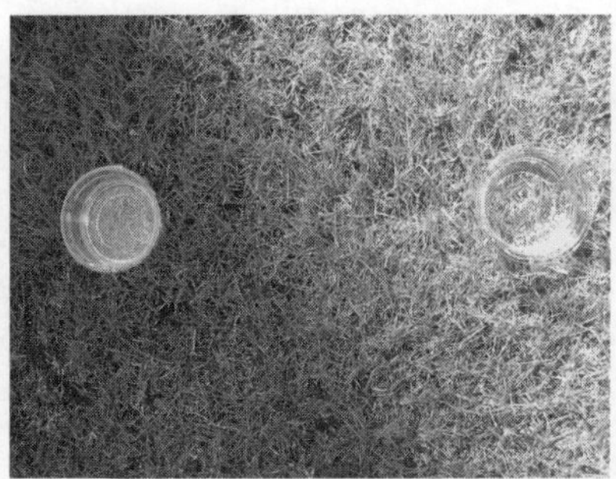

図４　日なたと日陰に水と木を置き、色の違いで調べる様子

手に付く土の違いで調べる子どももいました。図5の左のように、日なたと日陰の土をそれぞれ触って（触覚を主に働かせ）、「日なたの方はさらさらしている。乾いている」「日かげの方はじめっとしている。濡れている感じ」と記録していました。そして、図5の右のように、指に土が付く量を比べて（視覚を主に働かせて）、「日陰の方が付く量が多い」「日なたの方は粒が小さい砂が付くけれど、日陰の方は粒が大きい石が付く」と記録していました。

図5　手に付く土の違いで調べる様子

以上のことから、「暖かさ」と「湿り気」は触覚と視覚、「明るさ」は視覚を主に働かせて調べていたことがわかりました。なお、聴覚と嗅覚を主に働かせて調べることはありませんでした。

【見いだした問題 ②】

各自で、見いだした問題①についての実験を行い、考察をしました。考察を全体で共有した後、新たに問題②を見いだし、ノートに記述しました。新たに見いだした問題②を表3に整理しました。暖かさに関する問題を記述した子どもが最も多く、22名（81.5%）でした。問題②でも、聴覚と嗅覚に関係する問題を見いだすことはありませんでした。

さらに、各自の問題が変容したかどうかを調べました（表4）。同じ問題を再実験しようと考えている子ども16名（59.3%）でした。このことから、異なる実験方法や再実験を行うことができる学習過程の設定も必要と推察されます。

表3　見いだした問題②

(n=27)

問題②	人　数
暖かさ	22
湿り気	3
明るさ	2

表4　見いだした問題の変容

(n=27)

問題①	問題②	変　容	人　数
暖かさ	暖かさ	な　し	15
明るさ	明るさ	な　し	1
明るさ	暖かさ	あ　り	5
暖かさ	湿り気	あ　り	2
湿り気	暖かさ	あ　り	2
暖かさ	明るさ	あ　り	1
明るさ	湿り気	あ　り	1

【「日なたと日陰の地面の様子の違い」について探究する様相】

問題①を見いだし、解決するために実験方法を考え実施し、結果から考察して、新たな問題②を見いだすといった「日なたと日陰の地面の様子の違い」を探究する様相を表５にまとめました。

「暖かさ」に関する問題を見いだし、触覚と視覚を主に働かせながら調べ、また「暖かさ」の違いについて問題を見いだす子どもが７名（25.9%）で最も多かったです。

表５　「日なたと日陰の地面の様子の違い」について探究する様相

(n=27)

問題①	実験方法	問題②	人　数
暖かさ	水を手と温度計で調べる	暖かさ	7
明るさ	水と木を置き、色の違いで調べる	暖かさ	4
暖かさ	土を手と温度計で調べる	暖かさ	3
暖かさ	水と土を手と温度計で調べる	暖かさ	3
暖かさ	水と土を手と温度計で調べる	湿り気	2
暖かさ	石と鉄を手と温度計で調べる	暖かさ	2
湿り気	手に付く土の違いで調べる	暖かさ	2
暖かさ	水と土を手と温度計で調べる	明るさ	1
明るさ	水と木を置き、色の違いで調べる	明るさ	1
明るさ	水と木を置き、色の違いで調べる	湿り気	1
明るさ	石の色の違いで調べる	暖かさ	1

まとめ

「暖かさ」「明るさ」「湿り気」に関する問題を見いだし、主体的に実験方法を構想して調べる様相を把握することができました。「暖かさ」と「湿り気」は視覚と触覚、「明るさ」は視覚を主に働かせて調べることがわかりました。この共通点や傾向は、今後の授業改善へのヒントとなりそうです。

「日なたと日陰の地面の様子の違い」について、研究の結果と同様に、私たちも諸感覚を働かせ探究を進めながら、違いを認識してきたと思います。ただ、一度の探究で今の認識に至っているわけではないと思います。探究を一度で終えるのではなく、異なる実験方法や再実験を行うことができる学習過程の設定が必要だといえるでしょう。そして、「日なたと日陰の地面の様子の違い」について探究を進める際に、本例が参考になるでしょう。

〈資料等〉

岩本哲也・溝邊和成・流田絵美・佐竹利仁・平川晃基・坂田紘子（2019）諸感覚を働かせた自然探究に関する基礎的調査〜小学校第３学年「太陽と地面の様子」を事例として〜、日本理科教育学会近畿支部大会、52.

試みたい活動 ①

影で形を作ってみよう

2つの手のひらを合わせて影に写し、動かしていくと…あれ？　蝶々に見えてきました。いろんな物を使って影で形を作っていきます。どんな形ができるかな?!

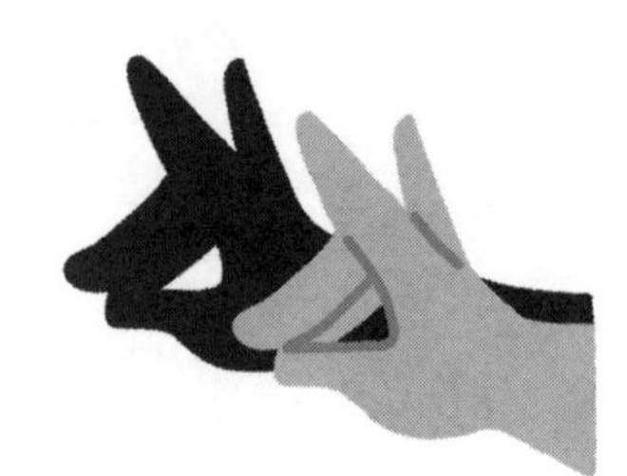

ねらい　光が当たっている物を動かすと、その影の形が変形することを知り、影の面白さを感じることができる。

準　備　日光、自分の体、身の回りの物（六角形・三角形などの形、ざる、コップなど）

手　順　① 太陽が出ている時間帯に日の当たる場所に出る。
② いろいろな物を日光にかざして、影がどんな形になっているか観察する。

ポイント
- いろいろな身の回りの物を持ってきて、影をつくってみましょう。
- 今ある影から遠ざかったり、近づいたりすると、影はどのように変化するのか実験してみましょう。

おすすめ度 A ★★★ B ★★ C ★　難易度 A ★ B ★ C ★　ワクワク度 A ★★★ B ★★ C ★★

工夫あれこれ
- 影を重ねたり、つないでみたりしましょう。
- 影ふみ、影絵遊び　などにチャレンジしましょう。
- 薄い影をつくろう…光を通さない物ばかりではなく、少し光を通す物を加えると面白くなります。
- 影を使った物語づくりをしてみましょう。影の変化を確かめることができるよう動画にしておくとよいでしょう。

試みたい活動 ②

光にかざして

光をカラーセロハンに通すと、様々な色が映し出されます。光に色をつけたり、色を重ねたりして、楽しんでみましょう。

ねらい　カラーセロハンの日光にかざした時に映し出される色や、色の重なりを楽しむ。

準　備　カラーセロハン（赤、黄、青など）

手　順　① 晴れた日の屋外で、カラーセロハンを日光にかざす。

② セロハン同士を部分的に重ねて光にかざして、セロハンが重なっているところと、日光にかざして映し出されたところの色の感じを観察する。

ポイント
- 晴れた日の屋外で行う必要があります。
- ラミネート加工したセロハンや色付きで薄めのプラスチック製下じきを用いると扱いやすいです。

おすすめ度 A ★★★ B ★★ C ★　難易度 A ★ B ★ C ★　ワクワク度 A ★★★ B ★★ C ★

工夫あれこれ

- 立体オブジェ「モアライト」制作…それぞれの面に色が違うカラーセロハンを貼り付けた立方体を作り、いろいろな角度から光をあててみます。提灯や灯籠のように、立体内部に光源を入れて、内側から光を当てるのも面白いです。
- 回転オブジェを光らせる…カラーセロハンで制作した立体作品を回転させると、作品にあたった光はどのようになるでしょうか。作品を重ねて調べてみるのも面白い変化が見られるかもしれません。トライしてみましょう。
- ゲーム「わたしを見つけて」…ルールは簡単。映し出された影の色や形から光が当たっている物を見つけ出すゲームです。いろいろな形、色で構成されている物をたくさん用意しておくと楽しめます。鏡で日光を当てるなど、光の当て方もひと工夫あると面白いでしょう。

4　暖かさを見てみよう

はじめに

日光が当たるところの方が、日陰よりも暖かいということは、生活する中で体感して理解できている人が多いはずです。自分自身も運動場に出るときは、夏の暑い日は日かげに行きたいし、冬の寒い日は日なたに行きたくなります。

では、日光をはね返して明るくなっているところは、暖かさはどうなっているのでしょうか。教室の中でもよく、下じきなどで日光をはね返して遊んでいる子どもをよく見かけます。明るくなっているのは目に見えてわかりますが、暖かさは見えないのでわかりません。そんな疑問から始まった取り組みです。

〈研究事例〉

■方　法

小学校３年生39名を対象に行いました。調査方法は以下の通りです。

① 図１を提示し、鏡ではね返した日光が当たっているところの暖かさについて、日陰の時と比べて予想する。（予想）

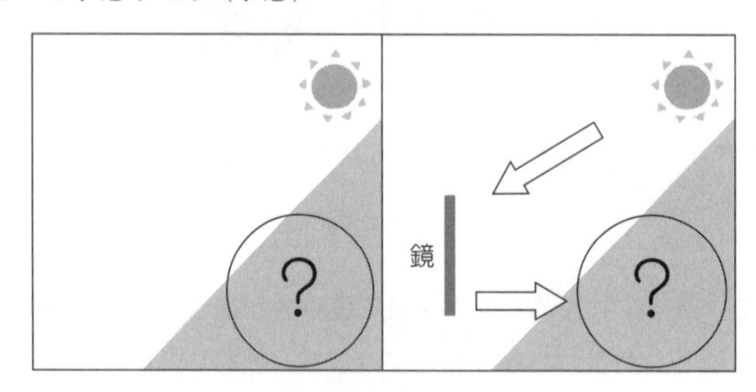

図１　予想場面で提示した状況

② 鏡ではね返した日光が当たったところの暖かさを、物の変化の様子、手触りや温度計などで調べる。（実験・結果）

③ 実験結果からわかったことと、自分の考えの変容を表現する。（考察）

■子どもの予想

直射日光が当たっているところは、日陰よりも明るく、暖かいということは、既習しており、全員が日常経験から実感していました。

図１の状況を提示して予想したところ、鏡ではね返した日光が当たっているところの暖かさについては、「日陰よりも暖かくなる」と予想した子どもは19名（48.7％）、「日陰と同じである（変わらない）」と予想した子どもは20名（51.3％）でした。それぞれの予想

についての主な理由は以下のようなものでした。

- 光っている所は暑いから。
- 太陽の光が当たると暖かくなるから。
- 鏡ではね返すとまぶしくて暑くなりそう。
- もともとかげだから涼しい。
- 反射して光るけど暖かくはならない。
- もともとの日光が当たっているわけではないので暖かくはならない。

予想の段階では、鏡ではね返っているのは明るさだけであり、「暖かさははね返らない」と考えている子どもも多数いることがわかりました。「日陰よりも暖かくなる」という予想の中には、鏡が広範囲の光を集めて一点に集中してはね返しているというイメージをもち、日なたよりもかなり熱くなると予想する子どももいました。

実験の様子

子どもたちは、はね返した日光の暖かさを触って感じることはもちろん、どのような方法で可視化して検証すればよいかということを計画しました。子どもの自由な発想の中には、暖かくなるのであれば、アイスや氷が速く融ける、チョコが融ける、卵や肉が焼けるというようなものがありました。

検証可能な方法を話し合いながら精査し、自分たちの考えに沿ってグループを組み、それぞれ必要な準備物を用意し、実験を行いました。アイスや氷などを３つずつ用意し、日かげにそのまま置いたもの、鏡１枚ではね返した日光を当てたもの、鏡３枚ではね返した日光を当てたもので比較しました（図２）。卵や肉、チョコで実験を行ったものには全く変化が見られませんでした。アイスや氷で実験を行ったものは、どれも同じくらいの融け方であり、はね返した日光による差があったのかどうかという判断は難しいものでした。

図２　アイスが融ける様子で検証する姿

このように、どの実験においても思っていたような明確な現象は見られなかったため、温度計で温度を測ってみようということになりました。温度計を用いた実験の結果、鏡ではね返した日光が当たったところの暖かさを日陰と比較して調べると、どのグループの結果も日陰よりも温度が3～6℃上昇するという結果が得られました。

しかし、「鏡ではね返した日光が当たっているところは日陰より暖かくなった」と捉えた子どもは25名（64.1%）、「日陰と変わらなかった」と捉えた子どもは14名（35.9%）でした。

「暖かくなった」と捉えた子どもの主な理由は以下のようなものでした。

- 3℃も変わった。
- 暖かくなると思っていたけれど、思っていたより温度が上がった。
- 日陰だから涼しいと思っていたけれど、30℃になったからびっくりした。
- 少し暖かくなった。
- 明るいだけだと思っていたけれど、26℃まであつくなった。

それに対し、「変わらなかった」と捉えた子どもの主な理由は以下の通りでした。

- あまり変わらなかった。
- 思っていたより低かった。
- 暖かくなっていない。
- さわってもわからなかった。
- 暖かさが上がると思っていたけれど、思っていたより下だった。
- 変わらないと思っていたし、あまり変わらなかった。

手触りでも調べているが、数値で3～6℃の差が出ても、暖かくなったかどうかの捉え方は様々であることがわかります。

■子どもの考察

実験の前後で、鏡ではね返した日光が当たったところの暖かさについての考えがどのように変化したかについて、表1に示します。

表1　暖かさに関する考えの変化

（n=39）

実験前	実験後	人　数
暖かくなる	暖かくなった	12
暖かくなる	変わらなかった	7
変わらない	暖かくなった	13
変わらない	変わらなかった	7

ここからは、考えの変化と、そう考えた理由を自由記述したものを照らし合わせながら分析します。また、実験後に「変わらなかった」と捉えた子どもの中から2名を抽出して具体の姿を述べます。A児、B児ともに、一見は実験を行うことを通じて期待される科学的な考え方に辿りつけていないようですが、実はそうではありません。

【「暖かくなった」にも様々な見解が】

「鏡ではね返した日光が当たっているところは日陰より暖かくなる」と予想し、結果を予想通りだったと捉えた子どもは12名（30.8%）でした。そのように捉えた子どもの中でも、はね返った光のエネルギーの大きさについての感じ方は様々であり、以下のような考えも見られました。

- 直射日光よりは暖かさのパワーは減ってはね返った。
- 暖かさは少ししかはね返らないと思っていたけれど、たくさんはね返った。
- もっと熱いと思っていたけれど、直射日光より減ってはね返った。
- 直射日光のエネルギーを10パワーとすると、はね返るのは５パワーくらいだと思っていたけれど、その２倍くらいだった。

このように、はね返した日光の暖かさに対する結果は予想通りだったとしましたが、光の量と温度の間には関係があるらしいという意識の喚起はあったと考えられます。

また、「鏡ではね返した日光が当たっているところは日陰と変わらない」と予想しましたが、結果から「暖かくなった」と捉えた子どもは13名（33.3%）でした。これらの子どもは、単純に温度が日陰の時よりも上昇したために「暖かくなった」と受け入れることができたようです。

【なぜ「暖かくなる」→「変わらなかった」と変化したのか】

「鏡ではね返した日光が当たっているところは日陰より暖かくなる」と予想し、実験結果が３～６℃上昇したにもかかわらず、実験後の考えでは「鏡ではね返した日光が当たっているところは日陰と変わらなかった」と捉えた子どもは７名（17.9%）でした。これらの子どもがそのように回答したのは、「全然上がらなかった。」や「思ったより低かった。」、「８℃くらい上がると思ったのに３℃しか上がらなかった。」という理由でした。この中から１名の子どもをＡ児として具体の様子を詳しく述べます。

Ａ児は、実験前は「光をはね返すと暖かくなる。鏡を２枚にすると２倍の熱さになる。」という考えをもっていました。実験の際には、「卵が焼けるはずだ！」という思いから、卵に光をはね返して実験を行いました。しかし、何の変化も見られなかったため、近くの友だちにも呼びかけ、数人で光を集めるようにしたが、変化は見られませんでした（図３）。その後、温度計で計測を行うと５℃の温度上昇が確認できました。しかし、実験後には「温度が上がると思ったのに全然上がらなかった。」とまとめました。

自身が想定していたほどの変化が目には見えなかったため、温度の上昇があったにもかかわらず、そのように考えてしまったようです。

【確かめても「変わらなかった」】

「鏡ではね返した日光が当たっているところは日かげと変わらない」と予想し、結果を予想通りだったと捉えた子どもは７名（17.9%）でした。「日陰に置いたものと何も変わ

図3　数人で光を集めて変化を調べる様子

りなかった。」や「40℃くらいになったら変わったと思える。」という理由が見られました。この中からも1名の子どもをB児として例に挙げ、具体の様子を詳しく述べます。

B児は、実験前は「光をはね返しても明るくはなるが、暖かくはならない。」という考えをもっていました。実験の際には、暖かくならず何も変化が起こらないはずなので、光をはね返した所の温度の計測のみを行いました。結果は、鏡1枚ではね返した所は日陰よりも3℃、鏡3枚ではね返した所は日陰よりも5℃高くなるという結果でした。しかし、他のグループの実験結果も含めて「チョコも卵も何も変化がなかった。10℃くらい上がったら、暖かくなったと思える。」という理由から、「暖かくならなかった。」と捉えました。温度変化と現象に対する説明言語との関係が十分でないために、予め想定した現象が起こらないと考えが変容しないということがうかがえます。

ま と め

3～6℃の温度上昇が測定されても、子どもが予め感覚的にもつ現象が現れない場合には、それを暖かくなったと認識できるわけではないことが推察されます。本実践をする中で、数度の温度上昇を数値だけではなく、諸感覚を通して体感する機会を意識的につくっていきたいと感じました。日々の気温観察はもちろん、他にも例えば、風呂の湯でも3℃も違えば、体感するものとしてかなり変わるでしょう。

鏡では日光の暖かさははね返らないと考えている子どももおり、目に見えない「暖かさ」を理解することは容易ではないことがわかります。また、3℃の温度差という定量的な変化に対する子どもの捉え方も様々でした。このことから、子ども一人ひとりがもつ科学的な考え方の進み具合を見つつ、特に小学校の低学年段階では、例えば「暖かさ」を諸感覚で感じる経験を豊かにすること、それの言語化を通じた共有化が必要であると考えます。日常的に温度変化と生活経験を関連付けて捉えることも効果的と思われます。

〈資料等〉

坂田紘子・溝邊和成・岩本哲也・佐竹利仁・流田絵美・平川晃基（2019）光の理解に関する基礎的調査～はね返した日光の暖かさを捉えるまでの過程に着目して～、日本理科教育学会近畿支部大会発表要旨集、48.

試みたい活動 ①

日光で水を温めよう

夏の暑い日、「〇色の服を着ていると涼しく見えるなぁ」「〇色の服を着たら暑いなぁ」など生活の中でも色に対して感じているイメージがあることでしょう。本当に色によって温まり方が違うのでしょうか。それを実際に試してみましょう。

ねらい　いろいろな色の水を日光で温めてみると、温度に違いはあるのか調べる。

準　備　日光、空のペットボトル５本
絵の具（黒・白・赤・青・黄)、水

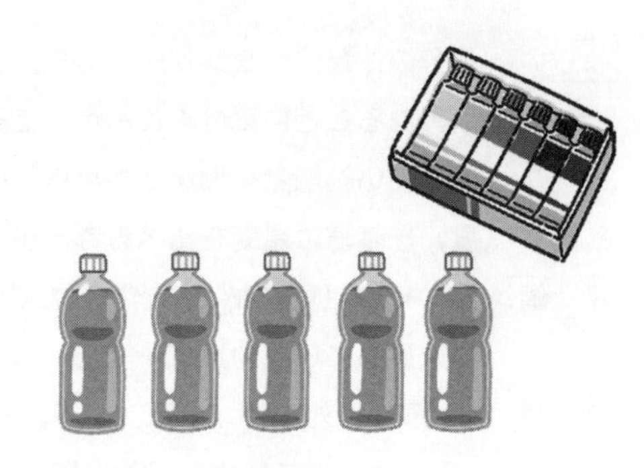

手　順
① 空のペットボトルに水を入れる。
② ５本のペットボトルに絵の具をそれぞれ色別に数滴入れる。
③ 同じ条件下で日光を当てる。
④ 触って温かさを比べたり、温度計で計測したりする。（時間ごとに変化を調べる）

ポイント
- どの色のペットボトルの温度が一番高くなるか調べましょう。
- 色によって温度に違いがあるか、一回きりで結論を出さず、何度も確かめよう。
- 同じ色でも濃さの違いで温度の違いが見られるのかも、調べることもできます。

おすすめ度Ａ★Ｂ★★Ｃ★★ 難易度Ａ★Ｂ★Ｃ★ ワクワク度Ａ★★Ｂ★★Ｃ★★

工夫あれこれ

- 色が変われば…他の色もぜひ試してみてください。「植物の葉などに見られる緑色は、日光が当たるとどうなるのだろう？」「混色の場合は、あまり温かくならないのか？」など、頭に浮かぶ疑問は、全部解決しましょう！
- もっと温かくしたい！…「日光がよく当たる石に〇色を塗って、その石の上に同色の水の入ったペットボトルを置くとすぐに温まる」「鏡で日光を反射させるともっと温かくなる」「ペットボトルを〇〇で覆うと早く温かくなる」など、自分で予想を立てて、確かめる装置づくりからチャレンジしてみましょう！　天気予報の情報も大切かも!!

試みたい活動 ②

I'm 温度センサー

冷たい水が入ったペットボトルを額や腰、二の腕などいろいろな体の部分に当ててみてください。感じ方が違いませんか？　自分が温度センサーになって、日光による物の温まり方の違いを楽しみましょう。

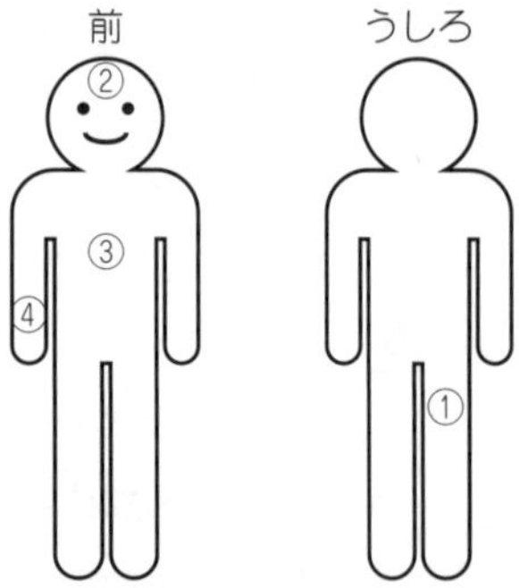

ねらい　自分の体が温度センサーであり、体の各部分で感度が異なることに気付くことができる。自分の体を上手く使い、触覚を働かせながら、自分の体温（約36度）を基準に温度を比べることができるようになる。

準　備　温かい物（日光がよく当たった物）・冷たい物（日陰に置いていた物）、ワークシート

手　順　① 事前に対象物（小石、鉛筆、ハンカチ等）を日光によく当てた物と日陰に置いた物に分けて準備する。

② 自分の体のあちこち（手、足、頬、唇、額、脇、腕など）に、温かい物や冷たい物を当て、温度を感じ取る。

③ ワークシートに、感度の良さの順位を書いたり、感度を色で表現したりする。

④ 友だちと結果を共有する。

前　うしろ

②　③　④　①

調べた物：ハンカチ（日なた）

ワークシート例

ポイント　直接、体に触れさせるので、扱う物の温度や形状などを入念にチェックしておきましょう。事前に安全な物を使って温度センサーとする体の部位を確かめておくこともよいでしょう。

おすすめ度 A ★★★ B ★★ C ★　難易度 A ★ B ★ C ★　ワクワク度 A ★★★ B ★★ C ★★

工夫あれこれ

- 手センサー編、足の裏編、口編など、体の部位を限定して調べてもよいでしょう。例えば、手の中でも、5本の指で順位を付けたり、指先や指の腹、関節、手の腹などを比べたりしましょう。
- 日照時間を変えた物を特定する…日光が当たる時間によって、物の温度が変化していることがわかります。どの部位でどの程度の温度変化が感じられるかを調べてみましょう。日陰に設置した同一物との比較を体の部位ごとにまとめるのもおすすめです。

5　異学年集団でも磁石は魅力的 !?

はじめに

多くの家庭の冷蔵庫に磁石が付いているのではないでしょうか。磁石を使ったおもちゃもたくさんあります。園や学校の教室にも磁石があることでしょう。私たちは、幼い頃から磁石に触れる機会が多くあります。また、小学校理科では、第３学年で「磁石の性質」を学習します。「物には、磁石に引き付けられる物と引き付けられない物があること」「磁石に引き付けられる物には、磁石に付けると磁石になる物があること」「磁石の異極は引き合い、同極は退け合うこと」を理解します。

私たちは幼児期から何度も「磁石」を探究しています。では、その姿は年齢とともに変わっていくものなのでしょうか。また、異学年集団で取り組んだ場合、磁石への働きかけは変わってしまうのでしょうか。さて、子どもたちはどのような姿を見せるのでしょう。

〈研究事例〉

■方　法

５歳児59名、小学校３年生79名を対象に、図１のように以下の手順で調査しました(2018年12月実施)。

① ５歳児３名と小学校３年生４名を中心に21班を編成する。

② 各班で、16種類の教材（アルミ缶、アルミホイル、鏡、金色の色紙、銀色の色紙、毛糸、下敷き［プラスチック］、スチール缶、スプーン［鉄］、スプーン［プラスチック］、はさみ、ビー玉、丸めた紙、目玉クリップ、モール、木片）がアルニコ棒磁石に引き付けられる物か、引き付けられない物かを話し合い、模造紙上で教材を分類（予想）して、その理由を書く。

③ 実験する。

④ 結果を基に、模造紙上で、アルニコ棒磁石に引き付けられる物、引き付けられない物を分類して、その理由を書く。

各班において、実験前後で５歳児と３年生が話合いによって得られた結論・理由等を材質、触覚、視覚、聴覚の諸感覚で分類し、その個数をカウントしました。例えば、「鉄だから」「プラスチックだから」などは諸感覚をベースとした「材質」としました。また、６つの班を抽出して活動の様子を撮影し、得られたプロトコルと行動を分析しました。活動後に、５歳児にはインタビュー、３年生にはペーパーテストを実施し、16種類の教材に磁石に近付けるとどうなるかについて正答率を算出しました。

図1　活動の流れ

■子どもによる教材への働きかけの特徴

各班で、16種類の教材（アルミ缶、アルミホイル、鏡、金色の色紙、銀色の色紙、毛糸、下敷き［プラスチック］、スチール缶、スプーン［鉄］、スプーン［プラスチック］、はさみ、ビー玉、丸めた紙、目玉クリップ、モール、木片）がアルニコ棒磁石に引き付けられる物か、引き付けられない物かを話し合い、模造紙上で教材を分類（予想）して、その理由を図2のように書きました。図2の左は「ビー玉はピカピカ（視覚）で硬い（触覚）から、磁石にくっつく」、図2の右は「スチール缶とスプーン［鉄］は重そう（触覚）だから、磁石にくっつかない」と予想しています。そして、図3のように実験をした後、結果を基に、アルニコ棒磁石に引き付けられる物、引き付けられない物を分類して、その理由を書きました。図4の左は「スチール缶、スプーン［鉄］、目玉クリップ、モールは硬い（触覚）から、磁石にくっつく」、図4の右は「アルミホイル、丸めた紙、毛糸は、くしゃくしゃ（視覚）だから、磁石にくっつかない」と考えました。

図2　実験前の予想

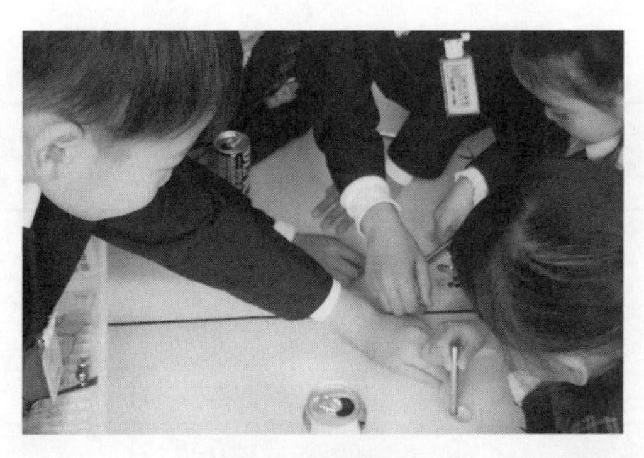

図3　実験の様子

図4　実験前の予想

図２・４のように書かれた理由を基に、磁石に引き付けられる理由、引き付けられない理由を材質、触覚、視覚、聴覚の４つに分類し、それぞれの個数を表１にまとめました。さらに、それらの個数をもとに、教材を５群に分類しました。Ａの教材は「材質」数が最も多い（または他の合計数と同等以上）物としました。同様にＢ：触覚、Ｃ：視覚とし、個数に顕著な差が見られない教材をＤとしました。実験後で「材質」を理由とする数が増える傾向にあるものをＥとしました。

表１からもわかるように、実験前後での理由の個数が最も多かったのは、目玉クリップ（共に19個）でした。教材によって、理由の表現のしやすさが異なると考えられます。

本活動で扱った16教材中12教材（75.0％）が、実験後で最も「材質」の理由を多く挙げられていました。実験後では、「鏡は硬いから磁石に引き付けられない」とする一方で「鉄のスプーンは硬いから磁石に引き付けられる」と考えるなど、理由が矛盾している班が５班（23.8％）ありました。磁石に引き付けられる物同士、引き付けられない物同士を比較し、共通点・差異点を考える場面設定があれば、思考がさらに深まったのではないかと考えられます。

表1　磁石に引き付けられる理由、引き付けられない理由の分類

（実験前 n=176　実験後 n=173）

群	教　材	実験前					実験後				
		材質	触覚	視覚	聴覚	計	材質	触覚	視覚	聴覚	計
A	スプーン（鉄）	10	4	4	0	18	9	1	3	1	14
	スプーン（プラスチック）	9	2	1	1	13	8	3	0	0	11
	木　片	8	1	1	0	10	8	2	0	0	10
	銀色の色紙	7	1	3	0	11	6	2	2	0	10
	金色の色紙	6	1	4	0	11	7	1	2	0	10
	はさみ(持ち手はプラスチック)	3	0	1	0	4	3	1	1	0	5
B	アルミ缶	2	4	1	1	8	2	5	0	1	8
C	ビー玉	1	2	5	0	8	2	2	4	0	8
D	鏡	2	3	3	1	9	2	3	2	0	7
	下敷き（プラスチック）	0	1	2	1	4	2	3	0	0	5
E	目玉クリップ	8	4	7	0	19	11	3	4	1	19
	モール	4	0	9	0	13	9	3	1	0	13
	丸めた紙	3	1	5	1	10	7	1	2	0	10
	スチール缶	3	4	5	2	14	9	5	3	1	18
	アルミホイル	4	4	2	1	11	7	1	1	1	10
	毛　糸	4	1	7	1	13	7	2	4	2	15

※表内の数値は、件数を示す。

■対話が促される教材

6つの抽出班の撮影動画から、実験前で、3年生が5歳児に教材を見せたり触らせたりして「これは磁石に付くと思う？」と問い、5歳児の答えを基に話合いが行われる光景が6班全部で最も多く見られました。予想通りの結果となった教材での実験後の場面でも、同様のやりとりの場面が見られました。予想と異なる結果となった教材については、6班全部で教材を見たり触ったりする回数が増え、観察する時間が長かったです。自主的に発言する子どもの人数は、予想通りの結果となった教材のときと比べて多かったです。観察して得た考えを交換したり、理由を話し合ったりすることで「モールの中に鉄が入っているから、毛糸と違って磁石に付く」などの新たな考え方に気が付く姿が見られました（表2・図5）。なお、予想と結果が異なる班が特に多かった教材は、モール（18班：85.7%）、アルミ缶、鏡（共に12班：57.1%）でした。5歳児と3年生の対話を促すには、実験前の予想と実験で得られる結果に違いが生じやすい教材を扱うことが有効と考えられます。

■知識と技能の習得

表3は、活動後に行った、磁石に引き付けられる物と引き付けられない物に関する問題の正答率を示しています。5歳児と3年生の正答率に、差はあまり見られませんでした。撮影した動画を含め、活動の様子から、全員が磁石を物に近付けて磁石に引き付けられる

表2　抽出1班において、モールでの実験後のプロトコルと行動

<table>
<tr><th>5歳児（3名）</th><th>3年生（4名）</th></tr>
<tr><td></td><td>C1：えっ、どうしてつくの？</td></tr>
<tr><td colspan="2">全員：（モールを見て、触る。）</td></tr>
<tr><td>C2：ふわふわだけど硬いもん。</td><td></td></tr>
<tr><td></td><td>C3：すごいね。私もそう思う。</td></tr>
<tr><td>C4：中の色が違う。</td><td></td></tr>
<tr><td></td><td>C5：みんな見て。</td></tr>
<tr><td colspan="2">全員：（モールを曲げ、中を見る。）</td></tr>
<tr><td></td><td>C3：すごいね。
C5：中に鉄みたいな物が入っているからじゃない？
C1：そうだ、だからか。</td></tr>
<tr><td>C2・C4：（うなずく。）
C7：（モールを曲げる。）</td><td>C3・C6：うなずく
C5：（モールの中を見る。）</td></tr>
</table>

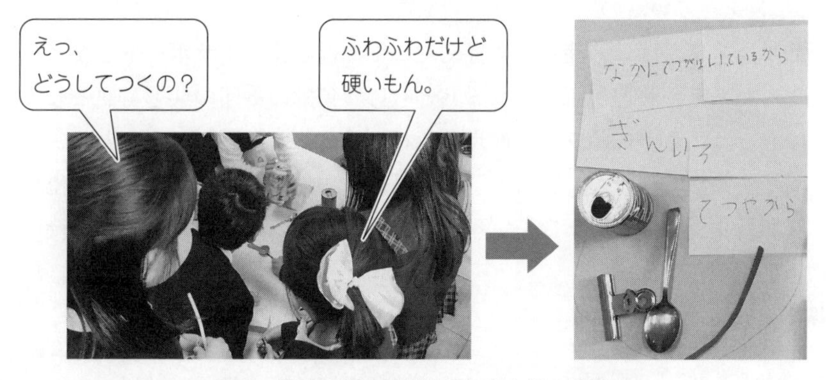

図5　抽出1班の子どものやりとりの様子

表3　問題「磁石に引き付けられる物、引き付けられない物はどれか」の正答率
（5歳児 n=59、3年生 n=79）

教　材	5歳児（%）	3年生（%）
鏡	100.0	100.0
金色の色紙	100.0	100.0
銀色の色紙	100.0	100.0
毛糸	100.0	100.0
スプーン（プラスチック）	100.0	100.0
ビー玉	100.0	100.0
下敷き（プラスチック）	100.0	100.0
丸めた紙	100.0	100.0
木　片	100.0	100.0
アルミホイル	96.6	100.0
スプーン（鉄）	96.6	96.2
目玉クリップ	93.2	100.0
モール	93.2	88.6
はさみ（持ち手はプラスチック）	93.2	81.0
アルミ缶	79.7	82.3
スチール缶	79.7	82.3

物や引き付けられない物を調べることができました。小学校学習指導要領に示されている第３学年の学習内容「磁石に引き付けられる物と引き付けられない物があることを理解するとともに、観察、実験などに関する技能を身に付ける」に関して、５歳児も概ね達成することができたと考えられます。「知識及び技能の習得」に関して、５歳児と３年生の異年齢集団では、共通の評価規準の設定が可能ではないかと推察されます。

まとめ

提示された教材が磁石に引き付けられるかどうかを考えるにあたって、５歳児と１年生それぞれが教材に具体的に働きかけることから対話が始まります。その働きかける際の道具となるのが、身体に備わっている諸感覚です。

「どうして、磁石につくと思うの？」

「触り心地はどうだった？」

「どんな色をしているの？」

といった簡単な言葉かけは、諸感覚で捉えたことを言語化するサポートとなります。言語化するところに考えの整理が認められるとともに異年齢の集団の共通言語として扱うこともできるでしょう。さらに諸感覚を観点に教材の見直し・精選を行うことで、子どもたちの科学的思考を高めることができると予想されます。幼児期からの諸感覚で得られた知を踏まえ、異年齢集団の協働的学びを実現できる場が増えるのではないかと期待しています。

〈資料等〉

岩本哲也・溝邊和成（2019）園児・児童の異年齢集団活動における科学的思考に関する基礎的調査―５歳児と小学校３年生の交流活動「磁石遊び」を例に―、日本保育学会第72回大会発表論文集、919-920.

試みたい活動 ①

1テスラの手ごたえ

普段の生活の中で、磁石の力にも強いものと弱いものがあることを感じることがありますね。磁石の強さも単位で表され、強さも様々です。いろいろな強さの磁石が混ざっているとどんな感じがするのでしょう。

ねらい　目に見えない磁力を、手の感覚で感じることができる。

準　備　様々な強さや種類の磁石、紐。

手　順　① 磁石を1つ、紐でつるす。

② 様々な種類や強さの磁石を床に散りばめる。

③ 磁石に繋がった紐をもち、床に散りばめた磁石に近づける。

④ 手ごたえが強かったものの順に並べる。

ポイント　1T（テスラ）=10,000G（ガウス）。

一般的なメモ等を貼るための磁石は約50G（=5mT)。コイン大のネオジム磁石は1.25T。ここでは、強い磁石などを扱うことも考慮して、例えば、「スマホ、医療機器などを近づけない」など、十分に注意を促しておく必要もあります。

手応え編の一覧表（磁石の種類、手応え：オノマトペで説明、強度：○テスラ、…）をつくって、確かめ合うこともしてみましょう。

おすすめ度 A ★★ B ★★ C ★★　難易度 A ★ B ★ C ★　ワクワク度 A ★★ B ★★ C ★★

工夫あれこれ

- 磁石を集めて1T（テスラ）をつくる…磁石をいくつか合わせて1T（テスラ）の磁石と同じ重さの物を引き上げるように合わせてみましょう。
- 1T（テスラ）の磁石で魚つり…針金（鉄）を芯にした魚（小さくて軽い魚、小さくて重い魚、大きくて軽い魚、大きくて重い魚）をたくさん用意して、1度にどんな魚が何匹釣れるかを何度か試して、1T（テスラ）の力を感じ取りましょう。
- 1T（テスラ）ができること大集合…（その1）紙を挟んでみよう：1T（テスラ）同士の磁石の間に紙が何枚挟むことができるか試します。（その2）転がる球を止めてみよう：板の下に1T（テスラ）の磁石を付けて、傾斜をつけて置き、その上にパチンコ玉を転がしましょう。どのくらいの角度までだったら止めることができるか、実験前に予想（理由付）を立ててみましょう。

試みたい活動 ②

どうなるの？　磁石を温めると、あれ?!

磁石を温めたことはありますか？　温めると何か違いがあるのか試してみましょう！

ねらい　磁石を温めると磁力が変化することを知る。

準　備　磁石、お湯、バケツ（or 洗面器）、クリップ

手　順　① 磁石でクリップを、どのくらいの量がくっつくか調べる。

② 磁石をお湯の中に入れて温める。

③ お湯の中から磁石を取り出して、再度クリップをつけてみる。

④ ①とくっつくクリップの量を比較して磁力がどうなったか調べる。

ポイント

- まず、手で温めた場合ではどうなるか試し、次にお湯につけて温める実験を進めるとよいです。
- 実験するときは、ケガしないように必ず注意事項を守りましょう。
- 磁石の温度とクリップの量を表にまとめておくとよいです。

〈参考資料等〉

https://www.26magnet.co.jp/database/qa/qa2-15,（参照2024-03-20）

おすすめ度 A ★ B ★★ C ★★　難易度 A ★★ B ★★ C ★　ワクワク度 A ★★ B ★★ C ★★

工夫あれこれ

- 温めた磁石を元の温度に戻したら、磁力はどうなるでしょうか。元に戻るのでしょうか。これも実験に加えましょう。
- 氷などを使って、磁石をどんどん冷たくしてみたらどうなるか？…０℃、－５℃、－10℃の場合など、みんなで予想してみてから実験するようにしましょう。
- 形の違う磁石を同じ温度まで温めて、その磁力の変化を調べてみるのも面白いです。ぜひ、やってみましょう！

コラム 「諸感覚」の話　2

「音」や「におい」を表現する場合、「〜みたいな」といった比喩表現や、擬音語や擬態語を用いると思います。本項をきっかけに、「音」「におい」を表す様々な表現方法にチャレンジしてはいかがでしょうか。

岩本ら（2017）は、ウェビングの方法を用いて諸感覚で捉えた「水」を表現させた結果、「水」の温度に応じて色や形、顔に見立てた「水」の表情に変化が表れたことを確認しています。また、オノマトペを用いて「水」の手触りや音を表現する例も見られました。さらに、岩本ら（2018）は「音の性質」（第３学年）の学習において、諸感覚を働かせて捉えた「音」を絵やことばで表現させ、多様な表現を確認しています。

そこで、「聴覚」「嗅覚」を取り上げ、様々な表現方法に取り組み、その表現を分析し、子どもが捉える「諸感覚」を明らかにしようと思い、調査をしてみました（岩本ら、2019）。小学校３年生54名を対象にし、以下の手順で行いました。

① 身の回りのイメージしやすい音の絵を形、色、顔の表情で表現する。
② ①で描いた絵に、どのように聞こえるか線と言葉を付けて表現する。
③ 身の回りのイメージしやすい音が複数あれば、それぞれの音を①②の手順で表現する。「におい」（嗅覚）についても「音」（聴覚）と同様

「音」（聴覚）について表現された子どもの作品（図１）は、計122個となりました。

イメージが４個以上同じだった「音」の表現を取り上げ、表１に整理しました。形、色、顔の表情、線、言葉の項目においては、最も多かった表現と個数を表しています。子どもの表現が最も多かった音は「楽しい音」でした。形においては、円、四角、星形、雲形などで表現される傾向がありました。円や四角においては大小や縦長、横長など、星形においては頂点の個数の違いといった多様な表現が見られました。笑顔や怒っている顔、悲しい顔など、目や口の形を変えて顔の表情を表していました。音を波線で表現する作品が最も多かったです。反復や長音で音を表現する傾向が見られました。

対極の関係にある音、もしくは対極の関係に近い音の表現について、形、色、顔の表情、線、言葉の項目で比較すると、大きい音を赤（16個中14個）、小さい音を青（５個中３個）とし、音の大きさを暖色・寒色で表現するといった傾向が見られました。また、小さい音を小さい円で描いたり、小さい円を複数描いたりするなど、音の大きさを形の大きさや個数の違いで表現していました。静かな音を円（８個中６個）、うるさい音を星形（７個中５個）であったことから、ネガティブな音を四角や星形で表す傾向があることがわかりました。

本結果をもとにすれば、身の回りにあるイメージしやすい音とその対極の関係にある音を扱う場面設定をすることで、共通点・差異点を見いだしやすくなると考えます。

「音」（聴覚）と同様に、身の回りのイメージしやすい「におい」（嗅覚）の絵を形、色、顔の表情で表現し、描いた絵に、どのようににおいが伝わるか線と言葉を付けて表現しました

（複数作品可)。「におい」（嗅覚）について表現された子どもの作品（図2）は、計124個ありました。

表2は、イメージが3個以上同じだった「におい」の表現を取り上げた結果です。におい「甘い」が最も多く、丸（形)、笑顔（顔の表情)、波線（線）など、「音」と同様の表現が見られました。長音や語尾に「ん」を付けて表現する言葉も見られました。におい「すっぱい」を黄色の縦長の楕円（12個中6個)、におい「辛い」を赤のダイヤの形（9個中4個）で表現していました。これらは、レモンと唐辛子を想起して描いたと推察されます。なお、におい「辛い」は9個すべてに赤色が使われていました。におい「くさい」を表す色や言葉、におい「焦げ」の色、におい「苦い」の色や言葉、におい「温かい」の言葉といった表現の特徴として、子どもたちの生活経験が関係していると考えられます。また、表現個数において「甘い」「すっぱい」「辛い」などが上位を占めることから、嗅覚と味覚を関連させて表現する傾向があるといえます。さらに、対極の関係に近いにおいの表現について、形、色、顔の表情、線、言葉の項目で比較した結果、におい「温かい」を赤（3個中2個)、におい「冷たい」を青（7個中7個）とし、においの温度差を暖色・寒色で表現するという共通点が見られました。においに関しても、多様な表現や傾向がありました。

以上のことから、「音」や「におい」の種類によって表現のしやすさは異なりますが、共に多様な表現が見られました。諸感覚で捉えたことを表現（可視化）することは、考えの生成・整理につながるとともに、それらの表現をベースに友だちと対話することも広がり、その後の集団の共通表現として扱うことも考えられそうですね。

〈参考資料等〉

岩本哲也・溝邊和成・松田雅代（2017）諸感覚を働かせて学びを深める理科授業の改善、温度変化による「水」ウェビングを手がかりに、日本理科教育学会全国大会発表要旨集（67）386.

岩本哲也・溝邊和成・寺西絵美（2018）諸感覚を働かせ、自らの考えを生成・変化させる理科授業、小学校第3学年「音の性質」（新単元）を事例として、日本理科教育学会中国支部大会発表要旨集（67）25.

岩本哲也・溝邊和成・流田絵美・平川晃基（2019）諸感覚による自然理解の表現に関する研究～第3学年児童の聴覚・嗅覚に焦点付けた調査より～、日本科学教育学会研究会研究報告33（7）、41-44.

（楽しい音）　（大きい音）

（驚く音）

図1　子どもの作品例

（よいにおい）

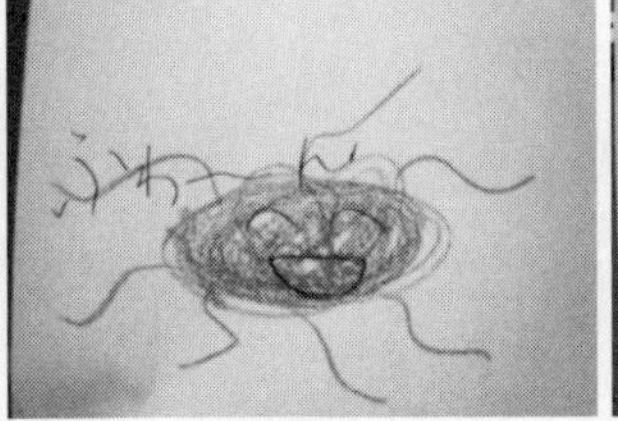

（甘いにおい）

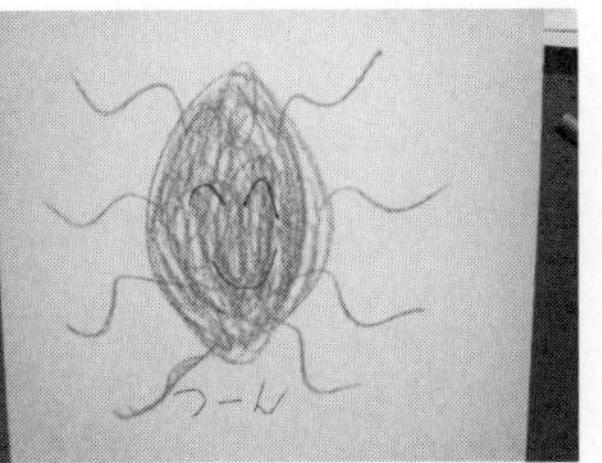

（すっぱいにおい）

図2　子どもの作品例

表1　「音」（聴覚）の表現

(n=111)

イメージ	数	形	色	表情	線	言葉
楽しい	22	○ 16	黄　10	⌒‿⌒　22	〜10	らんらんらん　12
大きい	16	○ 10	赤　14	⌒‿⌒　8	∨∨ 11	どーん　4・ばーん　4
驚く	11	✹ 7	赤　8	°o°　9	■ 7	ばーん　3
怖い	11	○ 6	紫　5	⌒‿⌒　6	〜8	ひゅー　4
高い	10	□ 7	橙　6	⌒‿⌒　5	〜4・∨∨ 4	きーん2・ぴー2
静か	8	○ 6	黄緑　4	⌒‿⌒　3・ー_ー　3	〜3	しー　3
落ち着く	7	○ 5	緑　5	⌒‿⌒　6	〜5	しーん　2・さー　2
うるさい	7	✹ 5	赤　6	＞︿＜　5	∨∨ 5	ばーん　2・じゃーん　2
さわやか	5	○ 3	黄　2・黄緑　2	⌒‿⌒　2	〜3	さー　2
小さい	5	○ 3	青　3	⌒‿⌒　3	〜2	ひゅー　2
変な	5	◯◯◯ 2	紫　2	⌒‿⌒　5	〜4	ぷわーん　2
嫌な	4	✹ 2	黒　3	ー︿ー　2	〜2	ぎゃー　2

※表内の数値は、件数を示す。

表2　「におい」（嗅覚）の表現

(n=121)

イメージ	数	形	色	表情	線	言葉
甘い	45	○ 27	ピンク　21	⌒‿⌒　38	〜37	ほわーん　10
よい	20	○ 10	黄　8	⌒‿⌒　17	〜11	ふわーん　6
すっぱい	12	○ 8	黄　9	⌒‿⌒　4	〜6	つーん　4
辛い	9	○ 5	赤　9	＞︿＜　6	∨∨ 6	つーん　6
くさい	8	○ 3	緑　3・茶　3	⌒‿⌒　3	〜4	ぷーん　3
冷たい	7	□ 5	青　7	⌒‿⌒　2・ー_ー　2	∨∨ 3	きん　5
焦げ	6	○ 2・◯◯◯ 2・□ 2	黒　4	⌒‿⌒　3	■ 3	もわーん　2
危ない	6	◯◯◯ 2	赤　3・紫　3	＞︿＜　3	∨∨ 3	すー　2
苦い	5	○ 2	緑　3	⌒‿⌒　2	〜2	ぐえー　2
温かい	3	◯◯◯ 2	赤　2	‿‿　2	〜2	ほかほか　2

※表内の数値は、件数を示す。

第3章

アプローチ　3「水」「土・石」

1　温度が変わると水はどう変わる？

はじめに

盛んに泡が出ている水を見て、「熱そう」「100℃に近い」「触ったら火傷しそう」と思う人は多いのではないでしょうか。氷を見て「冷たそう」「０℃より低い温度だな」、湯気が出ている水を見て「お湯だな」「少し熱そう」など思うかもしれません。これらのつぶやきは、これまでの経験によるものでしょう。幼い頃から、水を見たり、触ったり、飲んだり、水の音を聞いたりして、水に対する概念を形成しています。その水の概念を比べると、共通性や多様性が見られそうですね。

そこで、本節では、子どもが諸感覚を働かせて「水」を捉える場合、何が描かれ、どのような学びが成立するかを具体的なウェビング上で検討したことを述べてみましょう。とりわけ、温度変化による水の様子について焦点付け、分析し、今後の授業改善への方向性を見いだすことにします。

〈研究事例〉

■「水」ウェビングの作成

小学校４年生35名に対し、水に関する学習を始める前に、自分が最もイメージしやすい「水」をウェビングとして描くようにしました（2017年６月実施）。さらに、温度計を使わずに、水や氷の様子を観察し、10℃ごとにウェビング上に表現するようにしました。

各温度で表現させる観点を整理するために、以下の順でウェビングを行いました（図１）。

① 水を表す絵を形、顔の表情、色で表現する。
② 手ざわり・におい・音・味について、①で描いた絵に吹き出しを付けて表現する。

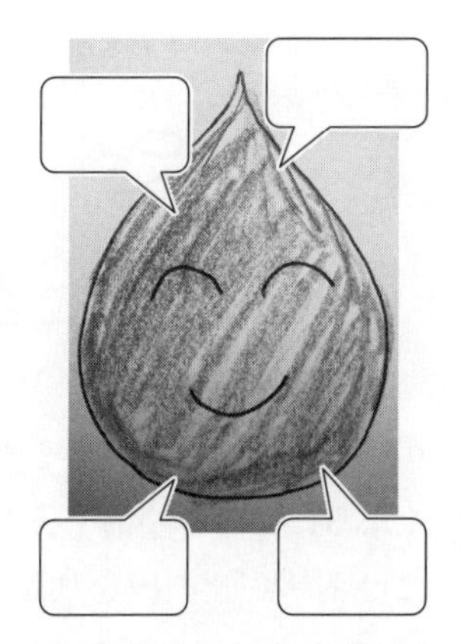

図１　「水」のウェビングのひな型

ウェビング（学習前）の分析方法として、子どもが最もイメージしやすい「水」の温度についての個数を数えました。また、各温度の「水」を、子どもが諸感覚（視覚、触覚、聴覚、味覚、嗅覚）でどのように捉えているか表現されたものを分類とともに個数を数えることにしました。

■最もイメージしやすい「水」の温度

何℃の水が最もイメージしやすいかを調べました。子どもたちは、水に関する学習を始める前に、自分が最もイメージしやすい「水」をウェビングとして描きました。「水」の温度に対するイメージをまとめると表1のようになりました。

結果からもわかるように、やはり「水」は、基本的に「冷たいもの」とイメージしていると思われます。少し人数のばらつきが見られますが、冷たすぎない「10℃」ぐらいがいつもの「水」と捉える子どもが多いということです。

表1　最もイメージしやすい「水」の温度

(n=30)

温度	人数
−10℃	4
0℃	2
10℃	24

「水」の温度と形　～視覚～

水は、温度によって固体、液体、気体と姿を変えます。容器によって形を変化させることができ、決まった形はありません。そこで、子どもが水をどのような形で表現するか、10℃ごとに調べました。子どもたちが表現した形を図2のように分類・整理し、表2にまとめました。

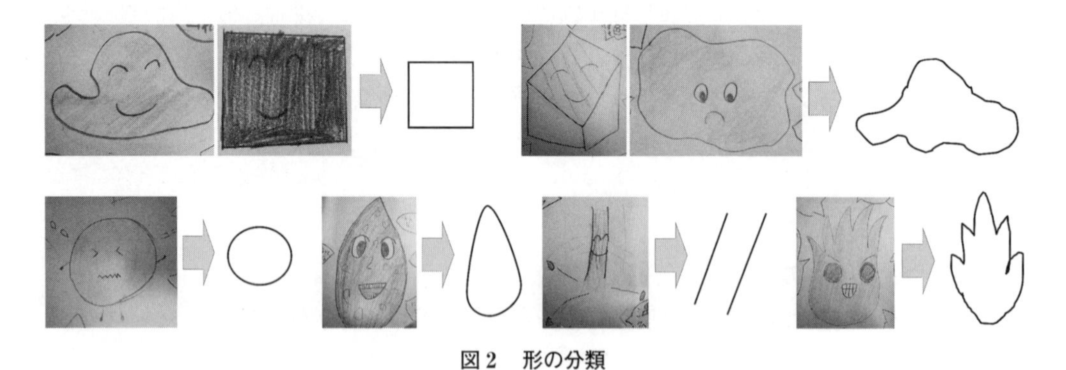

図2　形の分類

表2　「水」の温度と形

(n=35)

形	-10℃	0℃	10℃	50℃	80℃	100℃
□	20	14	4	2	0	2
//	0	2	10	3	2	2
雫形	9	8	8	11	17	15
楕円形	0	4	0	4	4	2
水たまり形	0	2	5	5	2	1
炎形	0	0	0	3	5	8
その他	6	5	8	7	5	5

※表内の数値は、人数を示す。

10℃では蛇口から出る水を描く子どもの割合が多く、10℃より冷たくなると四角、温かくなるにつれ、楕円や炎で表す傾向が見られました。他にも、図3のように、−10℃の水にはギザギザの線を加筆する作品や、100℃の水に汗や湯気を描く作品がありました。100℃の水に汗や湯気を描く子どもの割合は45.7％（36名中16名）でした。

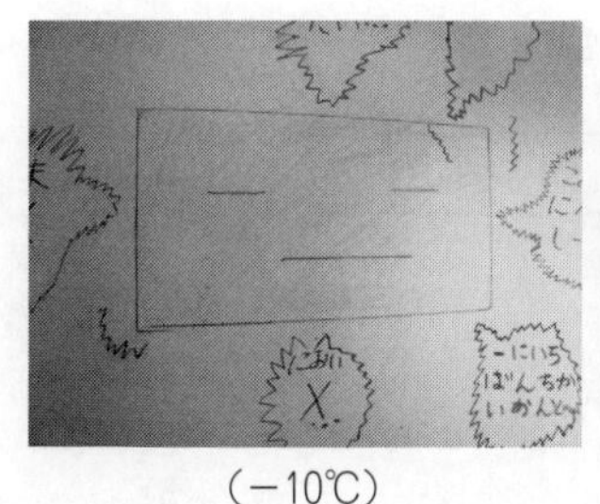
（−10℃）

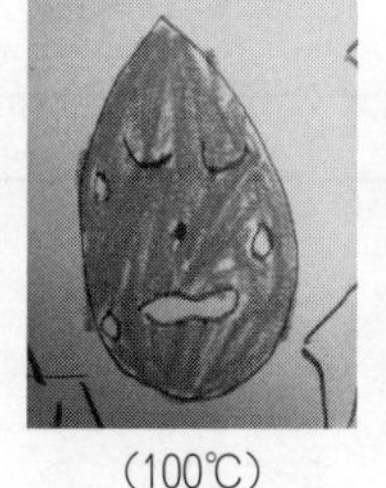
（100℃）

（100℃）

図３　子どもの作品

■「水」の温度と表情　～視覚～

当然ですが、水に表情はありません（いや、ひょっとすると、見えていない、見ようとしていないだけなのかもしれません）。子どもにはどのような表情をしているように見えるのでしょうか。水をどのような表情で表現するか、10℃ごとに調べました。子どもたちが表現した形を分類・整理すると、表３のようにまとまりました。

表３　「水」の温度と表情

（n=35）

表情	−10℃	0℃	10℃	50℃	80℃	100℃
⌒◡⌒	8	13	0	3	2	2
―＿―	10	10	21	8	2	1
°o°	5	2	9	10	4	3
＼︿／	1	0	0	4	14	12
／︵＼	6	5	2	7	5	10
その他	5	5	3	3	8	7

※表内の数値は、人数を示す。

10℃では、笑顔の割合が60.0％（35名中21名）、冷たくなるにつれ「―＿―」、温かくなるにつれ、目がつり上がったり下がったりしているもの「＼︿／」「／︵＼」が増える傾向があることがわかります。このような表情の違いは、水の熱エネルギー状態を表現しているように思えます。

■「水」の温度と色　～視覚～

「水は何色ですか？」と子どもに問うと、全員が「無色透明です。」と答えます。では、「水」の温度が変わっても変化しないのでしょうか……。そこで、温度変化による「水」の色について、子どもはどのように捉えているかを調べました。10℃ごとに、子どもが表現した「水」の色を分類・整理し、表４にまとめました。

20℃以下では82.9％以上の子どもが青、薄青（水色）で表現し、30℃より温かくなるにつれ橙や赤が増え、50℃以上では71.4％以上の子どもが橙や赤で表現していました。この結果から、温度が低い水を青・薄青、温度が高い水を橙・赤で表現する傾向があると思われます。これも、熱エネルギーの表現を意識した結果かもしれません。

表4　「水」の温度と色

(n=35)

色	−10℃	20℃	50℃	80℃
青	4	6	3(2)	0
薄青	26	23(1)	6	1
透明	5	6	4(1)	7(1)
橙	0	1(1)	8(1)	7(4)
赤	0	0	17(2)	24(3)

※表内の数値は人数、括弧内の数値は複数回答の人数を示す。

■「水」の温度と手触り　〜触覚〜

子どもは、各温度での水の手触りをどのように感じているのでしょうか。子どもたちが描いた「水」の絵の吹き出しに書かれた表現を分類し、個数を数えました（表5）。

表5　「水」の温度と手触り

(n=35)

温度	表　現
−10℃	冷たい（めちゃめちゃ冷たい、ひんやり等）21、かちかち7、つるつる5、かちこち2
0℃	冷たい(めちゃめちゃ冷たい、ひんやり等)21、つるつる8、かちこち1、べちゃべちゃ1、その他4
20℃	気持ちよい14、さらさら7、つるつる4、その他10
40℃	気持ちよい15、さらさら4、やわらかい2、べちゃ1、その他13
80℃	とても熱い（熱すぎる、やけどする等）24、あつあつ8、さらさら2、ざらざら1

※表内の数値は、人数を示す。

手触りでは、「かちかち（−10℃）」「つるつる（0℃）」「べちゃべちゃ（10℃）」「さらさら（20℃）」、音については、「さー（−20℃）」「ちゃぽん（20℃）」「ぶくぶく（60℃）」「ぼこぼこ（100℃）」などの表現が見られました。このようなオノマトペを使用し、その違いを表そうとする工夫もそれぞれの理解の表れとして大変興味深いところです。

■「水」の温度と音　〜聴覚〜

続いて、温度の違いによって「水」からどのような音が出ていると感じているのでしょうか。子どもたちが描いた「水」の絵の吹き出しに書かれた表現を分類し、個数を数えた結果が表6です。

80℃で多く見られた表現「ぼこぼこ」「ぽこぽこ」「ぶくぶく」などは、水蒸気が発生している様子を表現していると思われます。「こりっ」「ぷっくぷっく」などの促音や、「からん」「ぽちゃん」などの撥音、「ぱちゃ」「ぴちゃ」などの拗音、「ぼこぼこ」「じゅーじゅー」などの「繰り返し」といった表現が見られました。それぞれの状態が少しずつ異なっていることがよく伝わってきて、子どもばかりでなく、大人もイメージが共有できそうです。

表6　「水」の温度と音（一部抜粋）

(n=35)

温度	表現／人数					
	1	2	3	4	5	6
−10℃	こりっ、ぱっしゃん、きゅっ、からん、ぽちゃん、ぱちぱち、ちちちち、きー等	しー、さー				
0℃	しーん、ぴち、ぱちゃ、みしみし、からん、ぱん、ぽとん等	しー、さー				
20℃	ぷっくぷっく、ぽとぽと、ぽちゃぽちゃ、ぴちゃ、ぴちゃぴちゃん、しーん、、こぉー、ざーざー等	ぽちゃ	ぽた、ぽちゃん			
40℃	ぽこぽこ、ぷくぷく、ぽた、ぽちゃん、ぴちゃ、ぱしゃ、しゃー、ごー等					
80℃	じゅーじゅー、じゃー、ざーざー、ぶく、ぶくぶく、じゃばんじゃばん、ぷくぷくぷく等		ぷくぷく		ぽこぽこ	ぼこぼこ

「水」の温度と味　〜味覚〜

次に、各温度でどのような味がすると、捉えているのでしょうか。表7は、子どもたちが描いた「水」の絵の吹き出しに書かれた表現を分類し、個数を数えた結果です。

ほとんどの子どもが「ない」と書いていました。

表7　「水」の温度と味

(n=35)

温　度	表　現	
	味なし	味あり
−10℃	35	
0℃	34	1（苦い）
10℃	32	3（おいしい）
50℃	33	1（苦い）、1（甘い）
80℃	34	1（苦い）

※表内の数値は、人数を示す。

■「水」の温度とにおい　～嗅覚～

最後に、においについては、どうでしょうか。子どもたちは、各温度でどのようなにおいがすると、捉えているのか、子どもが描いた「水」の絵の吹き出しに書かれた表現を分類し、個数を数えました（表8）。

「味」同様、ほとんどの子どもが「ない」と書いていました。

表8　「水」の温度とにおい

(n=35)

温　度	表　現	
	においなし	においあり
−10℃	35	
0℃	35	
10℃	35	
50℃	33	1（こげたにおい）、1（甘い）
80℃	34	1（こげたにおい）、1（甘い）

※表内の数値は、人数を示す。

まとめ

子どもたちは、幼い頃から、諸感覚を働かせて「水」と積極的に関わっています。そのため、4年生において、「水」に関する学習を始める前から、「水」に対する多様な表現が可能でした。特に、形や表情、色、オノマトペで表現しやすいことがわかりました。そして、これらの表現から、「水」に対する多様な表現に共通点や傾向が見られました。この共通点や傾向は、今後の授業改善へのヒントとなると思われます。「水」をより深く理解しようとする追究場面での有効な観点となりそうです。

〈資料等〉

岩本哲也・溝邊和成・松田雅代（2017）諸感覚を働かせて学びを深める理科授業の改善～温度変化による「水」ウェビングを手がかりに～、日本理科教育学会全国大会発表要旨集（67）386.

試みたい活動 ①

BEST TEAは？

みなさんは、「おいしいお茶」と聞くとどのようなものをイメージしますか？　苦みと甘みのバランスがちょうど良かったり、香りが良いときに「おいしいな」と思ったりするのではないでしょうか。では、BESTなお茶は一体どんなときなのか。諸感覚を働かせて調べてみるのはいかがでしょうか。

ねらい　お茶という身近な飲み物を対象として、一番良い香りのお茶を調査することで、嗅覚をより働かせた観察を促すことができる。

準　備　茶葉（数種類）、温度計

手　順　① お茶を用意する。
② 温度の低下とともに香りを記録していく。
③ どの温度付近が最も香りがよくなるかを考察する。

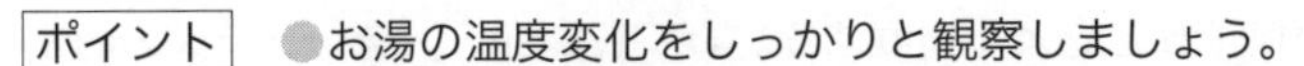

ポイント
- お湯の温度変化をしっかりと観察しましょう。
- 好きなお茶、飲んだことがないお茶、あまり飲まないお茶、緑茶以外で紅茶やコーヒーも可です。
- 熱いお茶を扱うときは、火傷に気をつけましょう。

おすすめ度 A ★ B ★ C ★★　難易度 A ★★★ B ★★ C ★　ワクワク度 A ★ B ★★ C ★★

工夫あれこれ

こんな活動も取り組んでみましょう。

- 味・香りの強さなどをランキング（星マーク、オノマトペ、色ラベルなどを使って）
- 好きなお茶トーク（理由付き：色、香り、味わいを言葉で表現）
- きき茶大会の開催（地域の方・保護者を招いた体験型。珍しいお茶編、変わったお茶編なども含めて銘柄別にお茶の色、香り、味わいを楽しむ。）
- お茶のソムリエ・マイスターになろう（お茶当てクイズを用意して、高得点者に称号を授与する。）

試みたい活動 ②

どれが温かそう？

夏に冷たいコップの周りに水滴がたくさん付いていたり、冬に部屋の窓に細かな水滴がたくさん付いていたりして、絵を描いたことがあるのではないでしょうか。これは、温度の差によってできる「結露」という現象が原因となっています。それでは、水の温度は手で触らずともわかるのではないでしょうか。見た目で判断してみましょう。

ねらい　触覚ではなく、視覚のみで水の温かさを判断することで、水への理解が深まる。

準　備　３つのガラスコップ（耐熱用）
コップの中に温度の違う水（ア：水道水　イ：冷やした水　ウ：お湯）

手　順　① ３つのガラスコップを用意する。
② それぞれ、ア：水道水　イ：冷やした水　ウ：お湯　をコップの中に入れる。
③ 水の様子、コップの様子などをよく観察する。（色（透明度）、量、グラスの内側外側など）
④ どれが温かそうか調べる。（見た目）
⑤ 実際に触って確かめてみる。（温度計も利用）

ポイント
- わかりづらい場合、砂糖を入れて水の動きを調べてみてもよいでしょう。
- ３つのコップの背景に黒の画用紙を立てて、水の変化の有無を調べてみましょう。水を氷点下の水、０℃の水、30℃の前後の水、100℃に近い水など、温度を変えて増やしてもいいですね。ただし、水をコップに注ぐとき、手などに水がかからないように気をつけましょう。

おすすめ度 A★B★★C★★ 難易度 A★★B★★C★ ワクワク度 A★★B★★C★★

工夫あれこれ

こんな活動に発展させてもいいかも！
- ３種クイズから５種クイズにランクアップしてチャレンジしてもいいですね。
- 他の飲み物にチャレンジしてもいいですね。（水と同じ温度のジュースやお茶、スポーツドリンクなど）

試みたい活動 ③

色水遊び

幼児期の子どもや低学年の子どもの多くが色水遊びの経験があるのではないでしょうか。小学校１年生のときにアサガオを育て、その花びらを用いて色水をつくります。では、その他の植物では、一体どんな結果になるのでしょうか。

ねらい　植物を色の視点から判別できるようになる。
２つの植物を混ぜて、その色の変化を観察したり、濃度順に並べて比較したりすることで、色に対する理解が深まる。

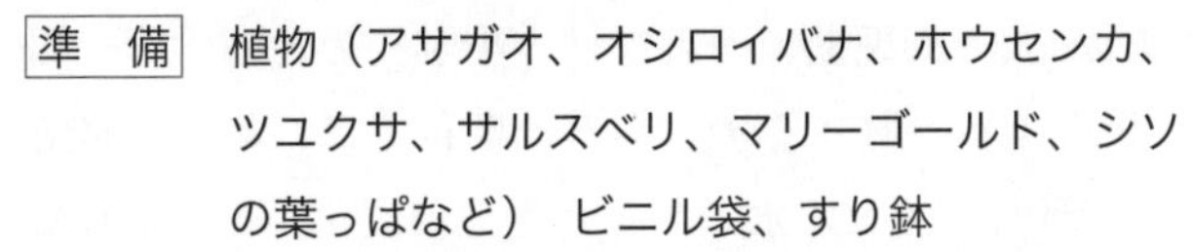

準　備　植物（アサガオ、オシロイバナ、ホウセンカ、ツユクサ、サルスベリ、マリーゴールド、シソの葉っぱなど）　ビニル袋、すり鉢

手　順　① 花をすり鉢に入れて、すりつぶして色を出す（単種類、複数の種類混合）。
② 水の中にすり込んだ植物を入れてみる。
③ 色の濃い順に並べる。

ポイント
- 紙、布などを入れてみるとどうなるか検証することができます。
- 誤飲にはくれぐれも気をつけるようにしましょう。

おすすめ度 A ★★ B ★★ C ★　難易度 A ★ B ★ C ★　ワクワク度 A ★★★ B ★★ C ★★

工夫あれこれ
- 色の変化一覧表の作成…混ぜ合わせによる色の変化を一覧表にしたり、１種類の色のグラデュエーションを表にまとめたりしましょう。
- 大きな布染めにトライ（夢の布染工場）…１つの大きな布にいろいろな植物でつくった色で染めて作品にしてみましょう。
- オーダーゲーム…「この色にしてください」と注文（オーダー）を受けて、いくつかの草花を混ぜてすりつぶして色水をつくり、注文通りの色に染めた布を仕上げてみましょう。

2　年齢によって、土と水に働きかける姿は変わるの？

はじめに

幼い頃、必ずと言ってよいほど、「どろんこ遊び」をしたことでしょう。小学校低学年の時に生活科の学習で「どろんこ遊び」をしたかもしれません。また、「泥だんごづくり」に熱中する小学校高学年の子どももいます。大人になってからも「泥だんごづくり」をした経験がある方もいるのではないでしょうか。私たちは幼児期から「土と水」に働きかけていますが、その姿は年齢とともに変わっていくものなのでしょうか。

また、幼稚園や保育園などの先生方から、「幼児期での遊びは、小学校のどの学習と関連しているのか」という質問をいただくことがあります。小学校理科では、第4学年で「雨水の行方と地面の様子」、第5学年で理科「流れる水の働きと土地の変化」を学習します。幼児期から培ってきた学びは、これらの学習と大きく関連しています。

そこで、「土と水」を対象に、幼児期での学びの芽生えから児童期での自覚的な学びへと連続させるカリキュラムの充実を図るため、土や水に働きかける5歳児、2・5年生の行動を基に、諸感覚を働かせる姿を分析し、その特徴を明らかにすることにしました。

〈研究事例〉

■調査手順と分析方法

5歳児8名、小学校2年生16名、5年生17名を対象として、水道が近くにある砂場に、じょろ、洗面器、バケツ、ホース（2m）、雨樋（1.5m）、塩化ビニルパイプ（1.5m × ϕ65mm、ϕ50mm）、パイプ接続部品（L字型、T字型）といった7種類の教材（図1）を用意し、約30分間活動を設定しました（2020年10月実施）。なお、各クラスの実践（図2・3・4）の日時は異なり、5年生に対しては「流れる水の働きと土地の変化」の学習前に行いました。

図1　7種類の教材

そして、以下のように、分析することにしました。

① 映像で記録した「土と水」に働きかける行動を対象に、本研究プロジェクト関係者（大学教員１名、小学校教諭３名、幼稚園教諭１名）５名で、５歳児、２・５年生が「土と水」のどの部分に着目し、諸感覚（視覚、触覚、嗅覚、聴覚）をいかに働かせているかを感覚の項目別に分類するとともに、５歳児、２・５年生での件数や人数をカウントする。

② 諸感覚の活用を時系列に整理し、探究過程に見られる諸感覚の活用パターンを分類し、５歳児、２・５年生での人数を比較する。

図２　５歳児の様子

図３　２年生の様子

図４　５年生の様子

■対象と活用した諸感覚

５歳児８名、小学校２年生16名、５年生17名が、土、水のいずれか、または土と水の両方を対象に、どの感覚を働かせていたか件数をカウントしました。その結果を表１・２にまとめました。なお、嗅覚と聴覚の活用は、見られませんでした。土を対象とせず、水だけを対象とした子どもは160件中７件（4.4%）、土と水の両方を対象とした子どもは160件中153件（95.6%）でした。ほとんどの子どもが土と水の両方を対象に、感覚を働かせていました。

表１　土を対象とせず、水だけを対象として活用した感覚

（n=7）

感覚（観点）	５歳児	２年生	５年生
視覚（動き）	2	0	0
視覚（動き）と触覚（動き）	1	3	1

※表内の数値は、件数を示す（複数回答含む）。

表２　土と水の両方を対象として活用した感覚

（n=153）

<table>
<tr><th colspan="2">対象・感覚（観点）</th><th colspan="3">対象・感覚（観点）</th><th>５歳児</th><th>２年生</th><th>５年生</th></tr>
<tr><td rowspan="10">水</td><td rowspan="10">視覚（動き）</td><td rowspan="10">土</td><td rowspan="4">視　覚</td><td>（動き）</td><td>2</td><td>4</td><td>17</td></tr>
<tr><td>（染込）</td><td>0</td><td>13</td><td>17</td></tr>
<tr><td>（色）</td><td>0</td><td>13</td><td>17</td></tr>
<tr><td>（硬さ）</td><td>0</td><td>13</td><td>7</td></tr>
<tr><td rowspan="4">触　覚</td><td>（湿気）</td><td>1</td><td>12</td><td>4</td></tr>
<tr><td>（動き）</td><td>0</td><td>10</td><td>3</td></tr>
<tr><td>（温かさ）</td><td>0</td><td>6</td><td>1</td></tr>
<tr><td>（重さ）</td><td>0</td><td>2</td><td>3</td></tr>
<tr><td colspan="2">視覚（色）</td><td rowspan="2">2</td><td rowspan="2">6</td><td rowspan="2">0</td></tr>
<tr><td colspan="2">触覚（硬さ、湿気）</td></tr>
</table>

※表内の数値は、件数を示す（複数回答含む）。

表１・２からわかるように、水を対象とする視覚の活用は、すべて「動き」を捉えていました。表２から、水（視覚：動き）と同様に土に「視覚：動き」を働かせたのは、５歳児２件、２年生４件であったものの、５年生では全員となる17件でした。また水（視覚：動き）と土（視覚：染込み）、水（視覚：動き）と土（視覚：色）については、２年生・５年生では、いずれも全員が視覚を活用していたことがわかります。水（視覚：動き）と土（触覚）の組み合わせについて、２・５年生では、活用に広がりが見られました。そこで、２・５年生の土を対象とする触覚活用について整理すると、表３のようになりました。

複数観点の２年生は全員だったのに対し、単一観点の５年生は14名（87.5%）でした。また、複数観点において２年生と５年生で観点が異なりました。２年生の触覚活用はすべて「硬さ」を捉え、「硬さ、湿り気」を含む２年生は12名（92.3%）で、「硬さ、湿り気、動き」が最も多く６名（46.2%）でした。５年生の触覚活用は、単一観点「硬さ」が最も多く６名（37.5%）でした。２年生は視覚と同様に、複数観点（特に、硬さと湿り気）で、

表3　「土」を対象とする触覚活用の観点

観点数	観　点	2年生	5年生
5	硬さ、湿り気、動き、温かさ、重さ	1	0
4	硬さ、湿り気、動き、温かさ	3	0
3	硬さ、湿り気、動き	6	0
	硬さ、湿り気、温かさ	1	0
	硬さ、温かさ、重さ	1	0
2	硬さ、湿り気	1	0
	湿り気、温かさ	0	1
	硬さ、重さ	0	1
1	硬さ	0	6
	湿り気	0	3
	動き	0	3
	重さ	0	2

※2年生：13名、5年生：16名　表内の数値は、人数を示す。

5年生は単一観点で触覚を活用する傾向があると推測されますが、その要因については、本研究内では明らかになっていません。

■「土」の探究過程に見られる感覚の活用パターン

土を対象とする視覚、触覚の活用は複数の観点で捉えていることを踏まえ、土を対象とする感覚の活用を時系列に整理し、活用パターンを分類しました。その結果が表4です。

視覚、触覚、複数感覚（視覚と触覚）の活用を繰り返す「反復」（タイプA）、繰り返しながら視覚や触覚の活用が加わる「反復⇒追加」（タイプB）に分類することができました。また、様々な共通性や特徴が見られました。具体的に、反復の過程において、複数観点での視覚の活用がある場合はすべて「染込み→色」、複数観点での触覚の活用がある場合はすべて「硬さ→湿り気」の順でした。他にも、タイプA4、B1に見られる「視覚（染込み）→複数感覚→視覚（色）→触覚（硬さ→湿り気）」、タイプA5、B2・3・4・5の「視覚（染込み→色）」、タイプB5の「視覚（動き→染込み→色）」、タイプA4、B1・2・3の「触覚（硬さ→湿り気）」といった共通の過程がありました。さらに、複数感覚（視覚と触覚）の活用は、すべて「視覚（色）と触覚（硬さ、湿り気）」の観点でした。タイプBでは、すべての追加部分に触覚の活用が含まれ、視覚の追加は「動き」だけという特徴がありました。

5歳児、2・5年生でタイプの重なりは見られませんでしたが、「反復」の過程は全員に見られました。5歳児は全員タイプAでした。2年生全員が「視覚（染込み）」から始まっていることから、土に水が染み込む現象を視覚で捉えることに探究の出発点があるといえるでしょう。5年生は、タイプA5、B4のように「視覚（染込み→色）」でのスタート（7名：43.8%）、タイプB5のように「視覚（動き→染込み→色）」でのスタート（9名：56.3%）が多かったです。すなわち、土に水が染み込む現象を視覚で捉えることから探究が始まる傾向（2年生同様）と、流水によって土が侵食・運搬・堆積する現象を視覚

表4　「土」の探究過程に見られる感覚の活用パターン

タイプ	5歳児 5名	2年生 13名	5年生 16名
A：【反復】			
A1：【視覚（動き）】	2	0	0
A2：【触覚（湿り気）】	1	0	0
A3：【複数感覚〈視覚（色）と触覚（硬さ、湿り気）〉】	2	0	0
A4：【視覚（染込み）→複数感覚→視覚（色）→触覚（硬さ→湿り気）】	0	1	0
A5：【視覚（染込み→色）→触覚（硬さ）→視覚（動き）】	0	0	6
B：【反復】⇒追加			
B1-1：【視覚（染込み）→複数感覚→視覚（色）→触覚（硬さ→湿り気）】⇒触覚（温かさ→動き）	0	3	0
B1-2：【視覚（染込み）→複数感覚→視覚（色）→触覚（硬さ→湿り気）】⇒触覚（温かさ）	0	1	0
B1-3：【視覚（染込み）→複数感覚→視覚（色）→触覚（硬さ→湿り気）】⇒触覚（重さ）	0	1	0
B2-1：【視覚（染込み→色）→触覚（硬さ→湿り気）】⇒触覚（動き）	0	3	0
B2-2：【視覚（染込み→色）→触覚（硬さ→湿り気）】⇒触覚（動き）⇒視覚（動き）	0	3	0
B3　：【視覚（染込み→色）→触覚（硬さ→湿り気→温かさ）】⇒触覚（動き→重さ）⇒視覚（動き）	0	1	0
B4　：【視覚（染込み→色）→触覚（硬さ）】⇒視覚（動き）⇒触覚（重さ）	0	0	1
B5-1：【視覚（動き→染込み→色）】⇒触覚（湿り気）	0	0	3
B5-2：【視覚（動き→染込み→色）】⇒触覚（動き）	0	0	3
B5-3：【視覚（動き→染込み→色）】⇒触覚（重さ）	0	0	2
B5-4：【視覚（動き→染込み→色）】⇒触覚（湿り気→温かさ）	0	0	1

※表内の数値は、人数を示す。

で捉えることから始まる傾向があると考えられます。また、全員が「視覚」から始まり、B5のように「視覚（動き→染込み→色）」の反復の過程が9名（56.3%）であったことから、5年生は視覚を優位に活用しながらも気になる点を触覚活用していくといった特徴があると推察されます。

まとめ

「水」に対する諸感覚の活用では、5歳児、2・5年生において、「動き」を捉えるといった共通性があることがわかりました。

一方、「土」を対象とする感覚の活用は、学年の変化に伴って、複数の観点で視覚を活用する傾向があるのではないかと考えられます。また、2年生は、視覚と同様に複数観点（特に、硬さと湿り気）で、5年生は単一観点で触覚を活用する傾向があり、その違いが捉えられたものの、その要因まで明らかになっていません。さらに「土」の探究過程に見られる感覚の活用パターンとして、5歳児、2・5年生全員に「反復」の過程が見られたことから、「反復」が探究過程のベースとなっていると考えられます。2年生は、土に水が染み込む現象を視覚で捉えることが多いことから、そこに探究の出発点があるといえます。5年生は視覚を優位に活用し、触覚で補填しながら探究する特徴があるのではないかと考えます。

このような諸感覚を活用した探究過程を基に、遊び、生活科、理科授業をデザインしたり、個人に応じたアプローチを講じたりすることは、幼児期から児童後期にかけて実践を考える要点となることでしょう。この研究結果をきっかけに、幼児期での学びの芽生えから児童期での自覚的な学びへと連続させるカリキュラムのさらなる充実が期待されるところです。

〈資料等〉

岩本哲也・流田絵美・平川晃基（2021）自然の事物・現象に対する諸感覚の活用に関する分析―「５歳児と小学校２年生、５年生を対象にした「土と水で遊ぼう」の活動より―、日本保育学会第74回大会発表論文集、664-665.

試みたい活動 ①

最強の土柱は !?

土や砂を使っていろんなものを作った経験はありませんか。お城や山、トンネルなどがよく作られるイメージがありますよね。では、そのときどのようにして作っていたのでしょうか。より高い土の柱を作るには、どのような土が良いのか探してみましょう。

ねらい　最も大きな土の柱を作るのには、どんな土で、水はどのくらい混ぜたら良いのかを試しながら考える。赤土、黒土、砂土の3種類を対象にベストな配合を色や手触り、匂い、重さなど諸感覚を頼りにつくることで、土と水の関係についてより一層理解を深めることができる。

準　備　赤土、黒土、砂土、水、バット、電子てんびん

手　順
① 最も高い土の柱（タワー）を作るにはどうすればよいか予想する。
② 材料や分量を変えながら、より高いタワーを作る。
③ それぞれのチームのベスト配合を紹介し合う。
④ より高いタワーに仕上げていく。

ポイント　素手で作業することを基本としますが、スコップなどの利用も認めましょう。土台の広さ（面積）を限定すると、作業しやすくなります。土の配合を行っているときに、諸感覚を活用できるように「どんな色？」「触った感じは、さっきとどう違う？」と問いかけ、量的なものだけでなく、色や硬さなどに着目した配合のポイントを意識できるようにしましょう。

おすすめ度 A ★★ B ★★ C ★　難易度 A ★ B ★ C ★　ワクワク度 A ★★★ B ★★★ C ★★

工夫あれこれ

- 土の種類や観点（条件）がわかりやすいように一覧表にして可視化します。
- ミニタワーづくりでお試しタイムを設定しながら、取り組ませていくとよいでしょう。
- 制作完成後の作品の時間的変化を観察し、記録（形状、色、手触り、匂いなど）します。
- 土柱展示会を開きましょう。（水の量別に展示、土の種類別に展示するなど）
- オリジナル陶芸講座開設…乾燥方法を工夫しながら、陶芸作品を作成します。土の選定、作業工程の書き方などの講義を受けて、作品お披露目会（解説書付）に出品しましょう。

試みたい活動 ②

一押し！　わたしダンゴをつくろう

子どものときに泥だんごをつくったことがある人がほとんどではないでしょうか。初めの頃は泥だんごをたくさんつくって楽しみますが、その後きれいな泥だんごをつくろうとしませんでしたか？　他の人がつくらないような自分だけのわたしダンゴをつくったこともあるかもしれませんね。それを思い出しながら「わたしダンゴ」をぜひつくってみましょう。

ねらい　複数の諸感覚を用いて、泥だんごの特徴を捉えながら、わたしダンゴをつくることを通して、砂や土への理解を深めることができる。

準　備　少し水分を含んだ砂、乾いた砂など、いろいろな種類の砂、スコップ

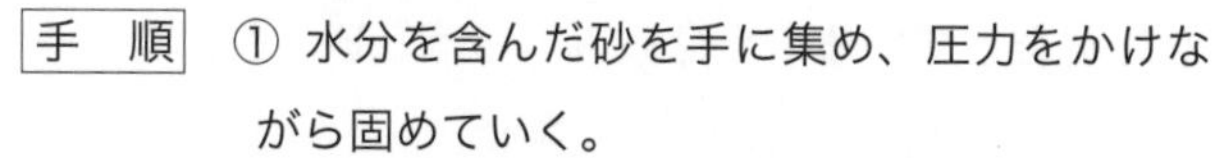

手　順　① 水分を含んだ砂を手に集め、圧力をかけながら固めていく。

② ぎゅっと固めては、また砂を重ねてまた圧力をかける。

③ 乾いた砂を上からふりかけ、「サラサラなわたしダンゴ」になるようにする。

④ 友だちのつくった泥だんごと並べて自分のだんごはどれか、見つける。

ポイント

- 友だちのだんごと並べることで、特徴を捉える意欲をもつことができるようになります。
- わたしダンゴの特徴を説明できるように、工夫したところ、制作過程に着目したお尋ね言葉（ex. 5W1H 形式）を投げかける支援をします。

おすすめ度 A ★★★ B ★★★ C ★　難易度 A ★ B ★ C ★　ワクワク度 A ★★★ B ★★ C ★★

工夫あれこれ

- サラサラなわたしダンゴ以外のわたしダンゴのチャレンジ！（ベトベトわたしダンゴ、カクカクわたしダンゴ、穴あきわたしダンゴ　など）。
- 再現コーナー…わたしダンゴのレシピを公開。友だちのレシピでだんごづくりに挑戦。
- こわれない土だんご（坂を転がす、1m の高さから落とす、１分間水につける）
- １種類土だんご比べ（場所、色、湿り気など１種類限定の土だんごを比較する）

3　土、砂、泥、粘土の違いって？

はじめに

みなさんは、土と聞いてどのようなものを思い浮かべますか。「茶色」や「ふわふわ」などいろいろな意見が出てくると思います。しかし、土には、白っぽいものや赤いもの、黄色いもの、黒いものなど、いろいろあります。さらに、「土と砂、泥、粘土の違いは？」と聞かれるとどうでしょうか。子どもにもそれぞれに違う捉え方があるでしょう。何となく区別することはできると思いますが、これといった明確な答えを出すことはなかなか難しいのではないでしょうか。ここでは、子どもが土などに対して諸感覚を活かしてどのように捉えているのかを示しましょう。子どもも何となくわかっていると思いますが、実際に土などに対して子どもはどのような理解をしているのかを読み取ろうと取り組んだ調査の紹介です。

〈研究事例〉

■土に対してのMy説の検証

本実践は、小学校4年生30名に対し、土や砂、泥などに対して諸感覚を用いてどのように分類することができるか、図1のワークシートで予想を立てるようにしました。

① 実際に触る前に土、砂、泥、粘土にはどのような違いがあるのか言葉で表現する。
② ①で表現したことを基に、土を見たり触ったりするなどして、結果や考えを言葉で表現する。
③ 以降②と同様に繰り返し検証を進める。

	土	砂	どろ	ねん土

図1　予想作成のワークシート

②以降は、「My説（予想）」を掲示することで、自分と同じ調査を行う子ども同士がグループをつくり、共同で検証を進める（図2）ことができる環境を整えました。

「今日のMy説」を設定することで、自分の調べたいことを明確にするのと同時に、自分の説を立証したいという意欲付けも行うことができました。

図2　グループでの活動の様子

■観察前の予想の分析　～観点別～

土、砂、泥、粘土にはどのような違いがあるのか子どもの言葉で表現した結果を表1にまとめました。全448個の表現のうち、210個の触覚についての表現が見られました。その内訳として、「重い」「軽い」といった「重さ」の表現が78個で最も多かったです。「かたい」「やわらかい」といった「硬さ」の表現、「つるつる」「ざらざら」といった「表面」に関する表現、「さらさら」「ぬるぬる」「べちゃ」などの「湿り気」に関する表現が見られました。また、湿り気と重さを複合させた「さらかる」「べたおも」という複合した表現もありました。しかし、後の調査では、この表現をしている子どもは見られなくなりました。触覚に次いで、202個の視覚に関する表現が見られました。具体的に、「茶色」「黒色」「黄土色」など色に関する表現が122個、「(粒が) 大きい」「小さい」といった大小に関する表現が80個ありました。聴覚の表現も36件あり、落としたときや触ったときの音などに着目した予想が見られました。以上のように、予想の段階では、視覚と触覚の表現がほとんどでした。

表1　予想での言葉の表現

(n=448)

<table>
<tr><th>感覚</th><th>観点</th><th>表現</th><th>全体</th></tr>
<tr><td rowspan="5">触覚</td><td>重さ</td><td>78</td><td rowspan="5">210</td></tr>
<tr><td>硬さ</td><td>45</td></tr>
<tr><td>表面</td><td>36</td></tr>
<tr><td>湿り気</td><td>36</td></tr>
<tr><td>複合</td><td>15</td></tr>
<tr><td rowspan="2">視角</td><td>色</td><td></td><td>122</td></tr>
<tr><td>大小</td><td></td><td>80</td></tr>
<tr><td>聴覚</td><td>音</td><td></td><td>36</td></tr>
</table>

※表内の数値は、個数を示す (複数回答も含む)。

観察前の予想の分析　～視覚（色）～

視覚（色）の表現を表2にまとめました。

表2　視覚（色）の表現

（n=118）

土		砂		泥		粘土	
茶	20	黄土色	11	こげ茶	12	いろいろ	8
こげ茶	6	肌色	7	茶	9	灰色	6
黒い茶	2	うすいだいだい	6	濃い茶	5	ねずみ色	6
薄い茶	2	薄い黄	1	黒	1	茶	2
赤	2	茶オレンジ	1	オレンジ	1	黄土色	1
白	1	茶	1	濃いこげ茶	1	白	1
黒	1	白っぽい	1	薄い茶	1		
濃い茶	1	赤	1				

※表内の数値は、個数を示す（複数回答も含む）。

土については、茶のつく色の表現がほとんどでした。砂は、土に比べて明るく、白っぽいイメージがあり、黄土色やうすだいだいという表現が多く見られました。「薄い」という言葉の表現が出てきたのが特徴として挙げられます。泥は、土に関する表現と似ていますが、土よりも濃く、黒っぽいイメージがあり、こげ茶色や濃い茶色という表現となっています。粘土はイメージが難しかったようで、いろいろと回答する子どもが多かったです。土を掘って出てくるような粘土のイメージは、ほとんどもっていないことがわかりました。

観察前の予想の分析　～聴覚（音）～

聴覚（音）の表現を表3にまとめました。音の大きさを表す表現もありますが、落としたときの音の様子を表現している記述が多く見られました。泥は明らかに水分を多く含んだような「べちゃ」などの表現が多く見られました。

表3　聴覚（音）の表現

土	砂	泥	粘土
色々？	さらさら～？	べちゃ～？	ドス～？
ざらざらー	さらさらー	べちょ	どんっ
どどど	ざらざら～	ぼっ…	どん
小さい	小さい	大きい	大きい
ぐちゃ	パラッ	べちゃ～？	ドンッ!!
ざら～ざら	さらさらさらさら	ドロ～リ	ドバッ
少し小さい	小さい	少し大きい	大きい
どさ	さらさらぁ	べちゃぁ	色々
ボボボ	ジャラジャラ	ベチャ	ボッン

■観察後のMy説

今日のMy説を設定し、調査に取り組みます。調べてわかったことや気付きを書いていきます。子どもが実際に書いたものが図３・４です。

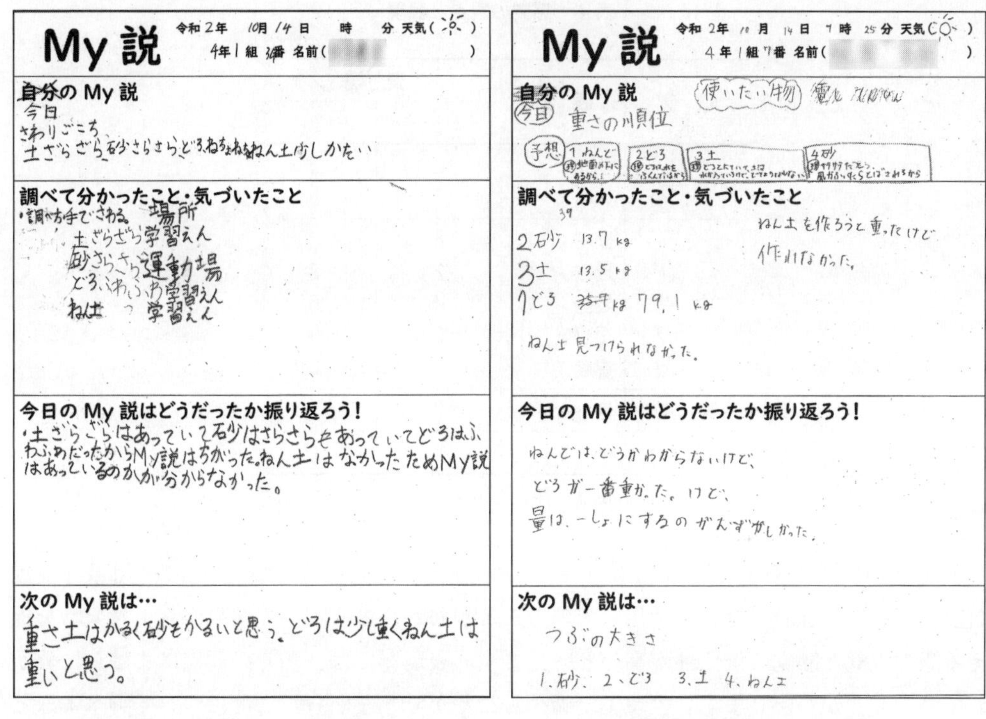

My説　令和２年　10月14日　時　分　天気（　）
4年1組3番　名前（　）

自分のMy説
今日
さわりごこち
土ざらざら砂さらさらどろねちょねちょねん土少しかたい

調べて分かったこと・気づいたこと
・調か方手でさわる。　場所
土ざらざら学習えん
砂さらさら運動場
どろふわふわ学習えん
ねん土　〃　学習えん

今日のMy説はどうだったか振り返ろう！
・土ざらざらはあっていて砂はさらさらもあっていてどろはふわふあだったからMy説はちがかった。ねん土はなかったためMy説はあっているのかが分からなかった。

次のMy説は…
重さ土はかるく砂もかるいと思う。どろは少し重くねん土は重いと思う。

図３　子どもＡのMy説

My説　令和２年　10月14日　7時25分　天気（　）
4年1組7番　名前（　）

自分のMy説　（使いたい物）
（今日）重さの順位
（予想）1ねんど　2どろ　3土　4砂

調べて分かったこと・気づいたこと
2砂　13.7kg
3土　13.5kg
1どろ　~~35.7~~kg　79.1kg
ねん土見つけられなかった。
ねん土を作ろうと重ったけど作れなかった。

今日のMy説はどうだったか振り返ろう！
ねんどは、どうかわからないけど、
どろが一番重かった。けど、
量は、一しょにするのがむずかしかった。

次のMy説は…
つぶの大きさ
1、砂、2、どろ　3、土　4、ねん土

図４　子どもＢのMy説

図３に示した子どもＡは触り心地について説を立てており、調査では触り心地を記録するとともに、どこの場所で見つけたかなども記録しています。図４のように、子どもＢはMy説を重さの違いをランキング形式で表し、理由付けも行い、実際に電子てんびんを用いて調査を行っていました。その後、振り返りを行い、自分の説が立証できたか、相違点や新たな疑問がなかったかを記入します。そうすることで、子どもはより深く考えた説を立てるようになっていきました。最後に、次回のMy説を設定します。当初の予想を基に設定する子どももいれば、新たに見つかった疑問を設定する子どもも見られました。さらに、次回の説がわかっているので、学習の導入をスムーズに行えることや子ども同士がグループをつくりやすいというメリットがありました。

■My説の分析方法

My説の１回目を表現①、２回目を表現②とし、表現①②を諸感覚（視覚、触覚、聴覚、嗅覚）の項目別に分類し、個数を数えました。例えば、My説の記述から手触りのことについて記載があれば、触覚の表現に１を追加しました。また、諸感覚をどのように活用しながら探究しているか、諸感覚に基づく表現を時系列に整理しました。感覚の活用パターンを分類するとともに、人数を比較しました。

My 説の分析～感覚の観点～

初めに、子どものMy説の表記から、どのような感覚を用いているのか調べ、その結果を表4にまとめました。

表4 感覚の観点と表現

(n=84)

感覚	観点	表現 ①	表現 ②
視角	色	12	8
	大小	5	8
触覚	硬さ	8	2
	重さ	2	8
	表面	15	5
	湿り気	2	3
	温度	3	2
聴覚	音	0	1
合計		47	37

※表内の数値は、件数を示す（複数回を含む)。

表現①の結果からわかるように子どもから「土」に対しての諸感覚の活用は「視覚（色)」「触覚（表面)」をまず活用していることがわかります。この結果から、対象物を捉える際の視覚と触覚の優位性が高いといえます。表現②では、多くの観点にまばらに分かれていることがわかります。表現①で調べることができなかったことについて調べようとしていることや友だちの結果をもとに、表現②の調査を行ったからだと思われます。表現②では、「触覚（重さ)」の件数が最も増加しています。表現①②を通して嗅覚の活用は見られなかったことから、土や泥の判別には、嗅覚の優位性が低いことがわかります。

触覚（表面）に関する表現が10件減ったことや2回目は1回目に比べると、全体の件数が減っていることから、子どもは対象物の理解に初めは多くの観点を用いて捉えようとしますが、理解が深まるにつれ、他の観点と複合させたりせずに、観点を焦点化して理解を深めると思われます。

My 説の分析～感覚の活用パターン～

感覚の活用にはパターンがあるのではないかと考え、調査を行いました。表5はその結果を示しています。

表現①から表現②に変わるにあたり、一つの感覚のみで対象物を捉えようとしているものを単感覚、複数の感覚を用いているものを多感覚と表し、タイプごとに整理しました。

表現②では、子ども29名（96.6%）とほとんどが単感覚で捉えているといえます。表現①②ともに、単感覚のみで捉えようとしている子どもが最も多く22名（73.3%）となっています。このことから、4年生の子どもは、一度に複数の感覚で土を捉えるのではなく、一つの感覚に焦点を置き、調べていることがわかりました。多感覚から多感覚という子どもは見られなかったことからも同様のことがいえるのではないでしょうか。感覚に変化が

表5 感覚の活用パターン

(n=30)

タイプ	人数
A：【単感覚（表現①）→単感覚（表現②）】	
A1：視覚→触覚	7
A2：触覚→視覚	6
A3：触覚→触覚	4
A4：視覚→視覚	3
A5：聴覚→触覚	1
A6：聴覚→視覚	1
B：【多感覚（表現①）→単感覚（表現②）】	
B1：視覚と触覚→視覚	3
B2：視覚と触覚→触覚	1
B3：視覚と触覚→聴覚	1
B4：視覚と触覚と聴覚→触覚	1
B5：視覚と触覚→視覚	1
C：【単感覚（表現①）→多感覚（表現②）】	
C1：触覚→視覚と触覚	1

※表内の数値は、人数を示す。

見られた子どもは23名（76.6%）と多いことや同一の感覚で捉えようとするのではなく、異なる感覚で捉えようとする子どもの割合が単感覚内だけでも、A1、A2、A5、A6の計15名（68.2%）と多いことから、調べるときには単感覚で調べているが、対象物を捉えるには複数の感覚を用いて捉えているといえます。

視覚を起点にしている子どもが10名、触覚を起点にしている子どもが10名と同数になっていることから視覚と触覚に大きな優位性は見られないといえます。聴覚を起点にした子どもは、必ず２回目で他の感覚で捉えようとしていることから、対象物を捉えるには、聴覚だけでは難しいといえるのではないでしょうか。多感覚で捉えようとしている子ども７名全員が視覚と触覚の両方を用いていることから、視覚と触覚に優位性は見られないものの、感覚の観点でも記述したように対象物を捉えるときの視覚と触覚の優位性が高いといえます。多感覚を起点とした子どもは、２回目は必ず単感覚になっていること、単感覚から多感覚の子どもは１名とほとんど見られなかったことから、感覚が焦点化されているといえるのではないでしょうか。

まとめ

子どもは、土や砂などに対しての理解は簡単なものでしたが、土に対して改めて諸感覚を活用して捉える実践を通して、理解が深まっていました。土への捉えでは、図５・６のように、視覚と触覚を多く活用して捉えようとしていることがわかりました。そして、そこには優位性は見られませんでした。子どもは、感覚を変化させながら土を捉えようとする場合が多かったです。嗅覚は全体を通しておらず、優位性が低いことがわかりました。今回は土という身近にあるが、諸感覚の視点を意識して捉えることが少なかったものを改めて諸感覚を活用して捉えてみると子どもの対象物への理解が深まったことから、今後も、継続的な実践研究が必要ではないかと考えます。

図５　触覚を活用している様子

図６　視覚を活用している様子

〈参考資料等〉

平川晃基・溝邊和成・岩本哲也・坂田紘子（2021）土のかかわり方に関する基礎的調査〜諸感覚に基づく表現に着目して〜、日本生活科・総合的学習教育学会第30回全国大会発表論文集．

試みたい活動 ①

サラサラな砂をつくろう

子どもたちが大好きなサラ砂づくり。「ざる」「ふるい」があると簡単にサラ砂ができるのですが、あえて「ざる」「ふるい」を用意しないことで、子どもは身の回りのものを使ってどうしたらサラ砂ができるか考え、サラ砂をつくりだすのではないでしょうか。

ねらい　“サラサラ”が表す砂の触覚について理解を深めることができる。

準　備　砂（サラ砂ではないもの）、スコップ、お皿、コップ（透明のものの方がいい）、うちわ、水など

手　順　① 砂をよく見て、サラ砂にするにはどうしたらいいか考える。

② 砂を身の回りのものを使って、サラ砂ができたと思うまでつくっていく。

ポイント　いろいろなアイテム（ex：お皿、スコップ、コップ、うちわ、水など）を使いながら工夫してサラ砂をつくっていきます。周りの子どもたちの様子を見ながら取り組むといいですね。

おすすめ度 A ★ B ★★ C ★★　難易度 A ★★★ B ★★ C ★　ワクワク度 A ★★ B ★★ C ★★

工夫あれこれ

- 友だちとのサラ砂比べでは、手だけでなく、足や顔なども使って確かめさせたり、発展的に色の違い・粒の大きさ・匂いなども含めて比較させたりして、サラ砂の特徴を捉えるようにしましょう。
- サラ砂の動きに注目するのも面白いです。透明の容器にサラ砂を入れ、傾けた時や振った時の動きを見たり、斜面に沿って高い位置から砂を流してみたりして、変化の様子を捉えます。もちろん、サラ砂になる前の砂との比較は欠かせません。
- サラ砂の完成後、一定期間空けて、特徴に変化が表れるか、調べてみましょう。
- 「○○な砂」づくりにチャレンジ…サラ砂以外に特徴ある「砂」づくりに挑戦しましょう。

試みたい活動 ②

土の鑑定士になろう

園庭や運動場、砂場、公園などいろいろな場所に土があります。それぞれの場所によって粒の大きさや色など違いがあるのは当然でしょう。では、自分がよく行く場所の土の特徴って覚えていますか？ 諸感覚を働かせることで、意外な気付きが見つかるかもしれません。鑑定士をめざしながら土の特徴実感してみましょう。

ねらい 触覚、視覚など様々な諸感覚を複合的に活用し、あまり見比べることのなかった様々な場所の土を調べることで、それぞれの場所の土に違いがあることに気付くことができる。

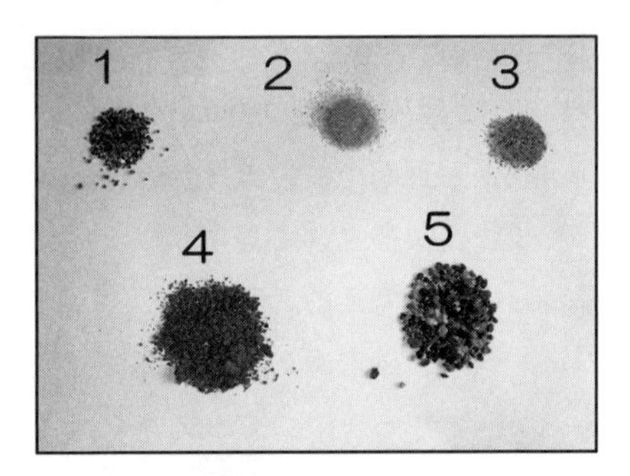

鑑定士試験問題例

準　備 身近な場所にある土、砂、鑑定士試験問題・解答用紙

手　順 ① 試験内容を伝える（提示された土がどこから持ってこられたものなのかを当てる）。

② 提示されている土を観察する。

③ 様々な場所の土や砂を観察しに行く。その際、気付いたことをメモしておく。

④ 提示されている土を見返し、どこの土なのかを考える。

⑤ どこの土か鑑定、判別する（判断基準を説明）。

1	
2	
3	
4	花だん
5	池

解答用紙例

ポイント 粒の大きさや色、匂い、湿り具合など様々な観点から土を観察できるよう、メモの工夫を考えさせましょう。また、○個中○個以上正解で鑑定士に認定されるなど、事前に子どもたちと話し合って認定基準を設定をしておくとよいでしょう（例えば、正鑑定士 7/8 以上、準鑑定士 5/8 以上など）。

おすすめ度 A★ B★★ C★★★ 難易度 A★★★ B★★ C★ ワクワク度 A★ B★★ C★★

工夫あれこれ

- 活動名…「土はかせになろう」「土のことわかる士（し）」など活動・遊び名の表現に工夫をこらしたりするとよいでしょう。
- 実施方法…参加する児童・幼児に合わせて、試験の難易度や項目数を調整したり、短時間で繰り返して挑戦したりできるようにすると、参加意欲もわきます。
- 準備…試験前の事前講習会を開いたりするのもよいでしょう。

4　石への接近術

はじめに

お気に入りの石を探して、ポケットに入れて持って帰った経験はありませんか。時間を忘れてお気に入りの石を集める子どもを見たことはありませんか。いったい、子どもたちは石のどの部分に着目してお気に入りの石を探しているのでしょうか。

「キラキラの石を見つけたよ」と言った子どもは主に視覚、「めちゃくちゃツルツルの石を見つけたよ！　先生触ってみて」と言う子どもは主に触覚を働かせていることがわかるでしょう。他にも、川で石を投げて「水切り」をする場合、形と跳ね方を知るにつれ、平べったい形の石を探すようになります。これは、主に視覚を働かせていると考えることができます。このように、複数の石を比べながら観察する際、諸感覚の活用は必須です。では、個人によって、諸感覚の活用の仕方は異なるのでしょうか。あるいは、活用の仕方には傾向があるのでしょうか。子どもたちは石を比べる際、どのような諸感覚を活用しているかについて明らかにしていきたいと思います。

〈研究事例〉

■方　法

小学校３年生23名を対象にして、「石を分類しよう」（表１）の学習を行いました（2019年10月）。分類する石は６種類（礫岩、貢石、煉瓦、凝灰岩、軽石、結晶質石灰岩）を使用しました。

表１　単元「石を分類しよう」

時	活動内容
1	校庭・学習園で石を集め、スケッチする。（１回目）
2	どの諸感覚（視覚、触覚、聴覚、嗅覚）で分類できそうか予想する。
3	６種類の石を分類する。
4	グループで仲間分けをする。
5	再度スケッチする。（２回目）

分析方法として、子どもの活動場面の動画記録、子どもが描いた石のスケッチから、諸感覚を活用している行動、諸感覚を基にした発言、諸感覚を働かせたと捉えられる記述の個数を数え、スケッチの１回目と２回目で比較しました。

■５分毎の諸感覚の活用

撮影した動画記録をもとに、経過時刻と分類時に活用した諸感覚の個数を示したものが表２です。

表2　5分毎の諸感覚の活用

(n=145)

感覚の種類	時間（分）				
	0	5	10	15	20
視　覚	17	20	14	9	7
触　覚	6	16	7	9	3
聴　覚	0	3	8	7	3
嗅　覚	0	0	1	0	0
複　合	0	0	11	4	0

※表内の数値は、個数を示す。

0～4分では、23名全員が単一の感覚を働かせる姿が見られました。23名中17名（73.9%）と、石の形、大きさ、色、表面の様子をよく見るといった視覚を働かせる姿が最も多かったです。5分以降、「見た（視覚）後、触る（触覚）」「見た（視覚）後、石を叩いて音を聞く（聴覚）」などの複数の諸感覚を働かせる姿が増えました。5～9分では、「見た後、触る（視覚→触覚）」「触った後に、見る（触覚→視覚）」といった視覚と触覚をそれぞれ働かせる子どもが16名（69.6%）いました。10～14分では、「触りながら見る」といった視覚と触覚を複合させる姿や「表面を見ながら叩く位置を変えながら音を聞き比べる」「2つの石を同時に落とし、音を聞き、落ちた後の転がり方の違いを観察する」といった聴覚と視覚を複合させる姿など、「複合」が11個見られました。20～24分では13名（56.5%）が観察を続けましたが、10名（43.5%）が観察を止めました。

子どもたちが石を分類する際、まず「視覚」「触覚」を働かせ、「聴覚」や「複合」が増える傾向があったと考えることができます。基本的に「視覚」「触覚」を中心に分類していることもわかりました。一方、「嗅覚」を活用する子どもはほとんどいませんでした。

■描いたスケッチの比較

図1のように、子どもが描いた石のスケッチ1回目と2回目の比較を行いました。

1回目（図1左）のスケッチに「糸みたいな（線）が入っている」「（この石の名前は）せんいし（線石）」という記述があることから、1回目は「視覚」を働かせていることがわかります。2回目（図1右）のスケッチに、「その線は紺色」「（石の色は）灰色と紺がまざった感じ」という記述が見られ、絵に紺色が含まれるようになりました。また色に加えて、「（大きさは）2cm」「（形は）平べったい」といった大きさや形の観点で「視覚」を働かせている記述が見られました。さらに、「サラボコ」「線もぼこっとなっている」というように、「触覚」を働かせている記述が見られました。

諸感覚を働かせたと考えられる記述の個数が図1のように増加した子どもは19名（82.6%）でした。また、1回目は「線石」、2回目は「サラボコ線石」というように、1回目、2回目で付けた名前が働かせた諸感覚によって変化したと考えられる児童は9名（39.1%）でした。

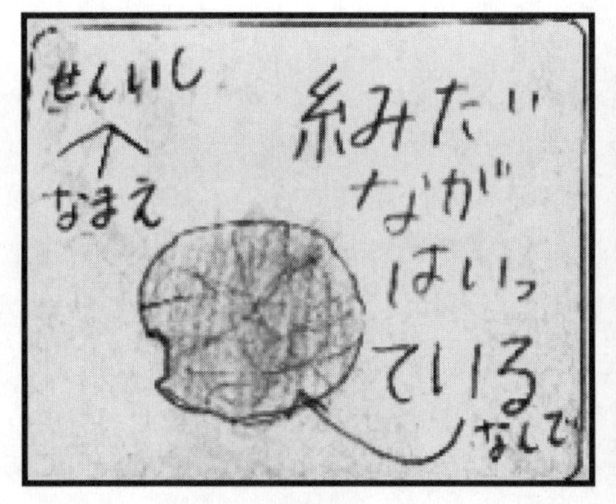

〈1回目〉

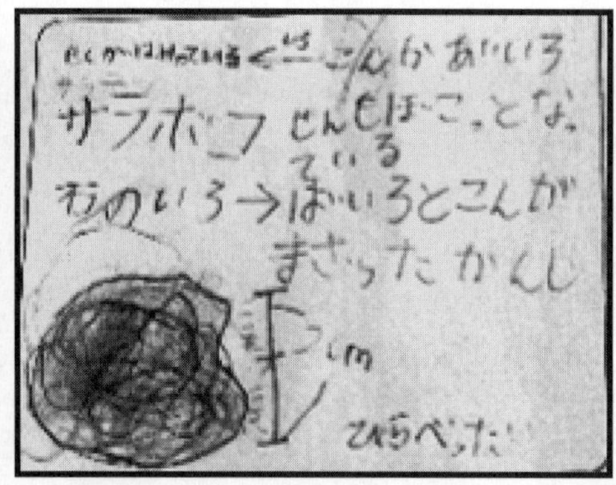

〈2回目〉

図1　子どもの作品例

ま と め

石を分類する際、主に「視覚」「聴覚」を出発点として石に働きかける傾向があると考えられます。子どもの活動場面の動画記録に、石を触りながら見ることで、「ぼこっとしているところに線が入っている」と気付くような「視覚」と「触覚」の２つの感覚を同時に働かせる姿がありました。また、２つの石を同時に落とし、音を聞くと同時に、落ちた後の転がり方の違いを見るといった「聴覚」と「視覚」の２つの感覚を同時に働かせる姿がありました。そして、スケッチに、１つの感覚を中心に調べていても他の諸感覚も活用していたと見られる記述があったことから、複数の諸感覚を働かせながら、より確かな理解につなげようとする傾向があるといえそうです。

子どもたちの様子から、「視覚」の中でも「色」や「大きさ」「形」「動き」などの観点、「触覚」の中でも「表面」「硬さ」「重さ」などの観点があるというように、各感覚の中に複数の観点があることがわかります。また、感覚を同時に働かせる姿もあることから、組み合わせは多種多様です。各感覚の観点を増やし、複数の感覚、複数の観点で、対象物に働きかけることで、より確かな理解につながることでしょう。そのために、諸感覚を働かせる「引き出し」を増やす学習や、諸感覚を働かせている子ども同士のやり取りが、接近術を高めていくことになります。

〈資料等〉

佐竹利仁・溝邊和成・岩本哲也・流田絵美・平川晃基・坂田紘子（2019）９歳児の石理解に関する基礎的調査：〜諸感覚による比較を中心に〜、日本理科教育学会近畿支部大会、57.

補　説

本節で取り扱った石について簡単な説明をしておきましょう。

【礫岩（れきがん）】　岩石が風化・浸食によって細かく砕けてできた破片や粒子が堆積して固まった砕屑性堆積岩（さいせつせいたいせきがん）を砕屑物の大きさによって分類されたもの。主なものに、礫岩、砂岩、泥岩がある。礫岩は粒径が2mmより大きい礫が固まったもの。なお粒径が1/16mm～2mmの大きさの砂によってできたものを砂岩、粒径が1/16mm未満の大きさの泥によってできたものを泥岩（でいがん）という。

【頁岩（けつがん）】　堆積岩の一種でシェールともいう。粒径1/16mm未満の泥が固まってできた泥岩（でいがん）より、薄く層状に割れやすい性質がある。色は黒やグレー多く、生物の化石を含むことが多い。

【凝灰岩（ぎょうかいがん）】　堆積岩のうちの火山砕屑岩（かざんさいせつがん）の一種火山灰（粒径2mm未満）が凝結したもの。なお、2mm～64mmの大きさの火山礫が固まったものを火山礫凝灰岩、64mmより大きい粒径の火山弾などが固まったものを火山角礫岩（かざんかくれきがん）や集塊岩（しゅうかいがん）という。

【軽石（かるいし）】　パミスや浮岩（ふがん）ともいう。火山岩の一種。岩質は火山や噴出の時代によって異なる。マグマが急速に冷えて固まり、マグマに含まれていたガスが抜けることにより、気孔（たくさんの穴）を多く含む。そのため、水中に浮くほど比重が軽い。

【結晶質石灰岩（けっしょうしつせっかいがん）】　変成岩の一種で、大理石ともいう。炭酸カルシウムを主成分とする石灰岩が火山岩体と触れ、鉱物の方解石（ほうかいせき）が集まってできたもの。

【煉瓦（れんが）】　粘土や頁岩、泥を混ぜて成型し、窯で焼き固めたり、圧縮したりしてつくられたもの。

〈参考文献〉

益富壽之助（1987）原色岩石図鑑、保育社
円城寺守（2011）よくわかる岩石・鉱物図鑑、実業之日本社

試みたい活動 ①

石を〜順に並べよう

石をいくつか手に取って比べると、大きさ、形、色、表面、重さなど、いろいろ違うことに気付きます。その違いをヒントに、石を並べて表現し、違いを友だちと共有しましょう。

ねらい　石の大きさ、形、色、表面、重さ、ぶつけたときの音に着目するなど、主に視覚、触覚、聴覚を働かせて、石を観察することができる。

準　備　石、デジタルカメラ（必要であれば、電子てんびん、虫眼鏡）

手　順　① 複数の石を観察し、違いを基に順番に並べる。
② 作品を紹介する。

ポイント　「プレゼンテーション形式」「クイズ形式」の２つの活動パターンが考えられます。
「プレゼンテーション形式」は、色の濃い順、重い順、丸い順、表面がつるつるしている順、石を叩くと音が高い順など、自分がどの基準で石を並べたかを説明します。実際に触るなど試してもらい、その違いを共有することも大切です。
「クイズ形式」は、自分が何の基準で石を並べたかを友達に当ててもらうパターンです。友だちの答えから、新たな違いが見つかる場合もあります。

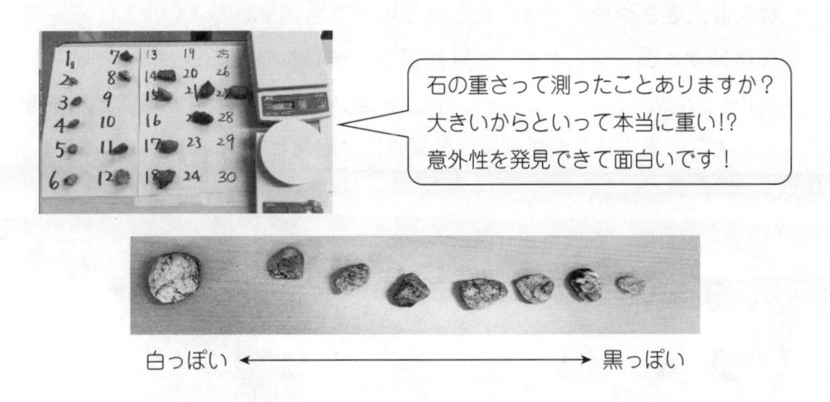

おすすめ度 A ★★ B ★★ C ★★　難易度 A ★ B ★ C ★　ワクワク度 A ★★ B ★★ C ★★

工夫あれこれ

- 「○石」さん見つけ…校（園）内で探した石を並べます。
  ex. 大石さん：最も大きな石から順に並べる。白石さん：最も白い石から順に並べる
- あなたの石を見抜く力は？…石の密度に関して、はじめに視覚・触覚等で密度の大きい順に並べ、それらの石の体積と重さを測定し、密度を計算。順番が正しいか判定します。

試みたい活動 ②

石が○○に !?

子どもが石を食べ物や動物に見立てて「ごっこ遊び」をしている姿を見かけたことがあると思います。この姿は、諸感覚を働かせて石の特徴を捉え、見立てるといった非常に高度な遊びです。しかし、年齢に関係なく、楽しめる活動でもあります。

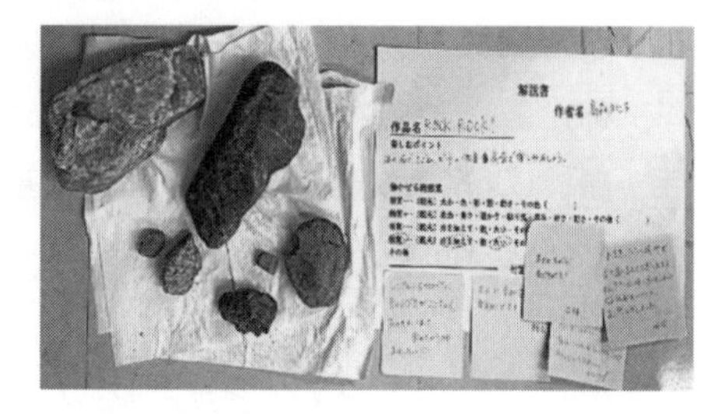

ねらい　石の大きさ、形、色、表面、重さ、ぶつけたときの音に着目するなど、主に視覚、触覚、聴覚を働かせて、石を観察することができる。

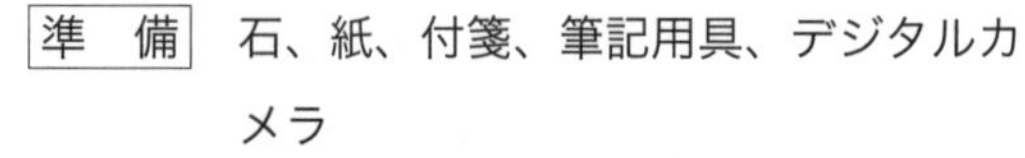

準　備　石、紙、付箋、筆記用具、デジタルカメラ

手　順　① 石を観察し、作品を考える。例えば、石を並べたり積み上げたりして、見立てて表現する。石で楽器をつくるのもよい。

② 紙に作品名を書く。

③ 作品展もしくは品評会をする。

ポイント　様々な大きさや形、種類の石がある場所で活動するとよいでしょう。考えたことを作品で表現するとともに、解説書でも表現してみましょう。そこで、上図のように、「作品名」「楽しむポイント」を書いて解説書を付けることをおすすめします。また、働かせた諸感覚に○を付けて、自覚化を促すことも考えられます。

作品名「おかあさん　まってー！」

作品名「丸くなっていくわたし…」

写真提供：2021年度兵庫教育大学夏季研修講座（溝邊担当）

おすすめ度 A ★★ B ★★ C ★★ 難易度 A ★ B ★ C ★ ワクワク度 A ★★ B ★★ C ★★

工夫あれこれ

- ソロでそっくりさん…１つの石で、生活用品のそっくりさんを見つけ出します。
- ３つで１つ…３つの石を組み合わせ、動物や建築物に見立てられる物をつくります。
- 楽器の製作と演奏会…石の楽器が奏でる音で、演奏会を実施します。

コラム 「諸感覚」の話 3

「土」に関連するものの漢字表記には、「土」「砂」「泥」「粘土」などがあり、4つとも異なる性質を表すものになっています。英語表記においては、「土：soil」ですね。「肥沃な土：fertile soil」と言ったりして「土壌」のイメージです。単に「土」は「dirt」「earth」で、前者は「土」と「泥」という意味もあるようです。後者はeが大文字になると、「地球」でしたね。「泥：mud」で、濡れた状態の土を表します。「Oh no! You're covered in mud!（あちゃ！泥まみれじゃん！）」といった感じでしょうか。「粘土：clay」は、植物を育てる土：soilというより、お皿やレンガをつくるための材料ですね。広い土地の表面の土のイメージだったら、「ground」、土や粘土の塊の様子を表すイメージでは、「clod」がいいようです。

これらを触覚で捉えた場合、どういう表現をするのでしょうか。英語も併せてみると、湿り気のない土・砂等には、「サラサラした土、ゆるい土 loose soil」や「サラッとした砂 smooth sand」、「パサパサした砂 dry sand」と答えるかもしれませんね。粘着性がある時にはどうでしょうか。「ベトベト、べっとり、べちゃべちゃ、どろっとした」を使いそうですが、いずれも sticky かもしれません。「ドロドロした土 muddy soil」「ネチョネチョした土 soggy soil」も出てくるかもしれません。粒の大きさなどによる感じ方からすると「ざらざらした砂 coarse sand」も当然出てくるでしょう。

ここで表現として使われているオノマトペは、日本語としては適切かつ的確な言い方と捉えていますが、いわゆる既成の共通語的なそればかりではなく、創作することも面白いチャレンジといえます。例えば、小野（2019）氏の語るオノマトペ創作法を参考に、先頭の音を決め、それに1字を加えて2文字をつくり、その繰り返しや「っ」「ん」「り」を語尾に付けたりします。こうした僅かな工夫で、主体的な創作意欲も刺激され、対象を感知する感覚部位も変わり、観察の楽しみも倍化するのではないでしょうか。

「土」等に対する色（視覚）については、どうでしょう。本書で示した研究報告には、茶色系とともに黄色や灰色も、子どもたちの中から出てきているようです。書籍「色の名前事典507（主婦の友社）」の分類から見ると、「土色」や「茶色」に加え、「小麦色」「胡桃色」「雀色」といった自然物の名称が付けられた色も取り上げてきそうですね。「砂色」「黄土色」「灰白色」も馴染みある色と捉えるかもしれません。「茶鼠」「鼠色」などは、「茶色」系とともに江戸時代の流行色となっていることからも、身近に感じ、興味を持つでしょう。色の図鑑などを片手に、目の前の土や砂・粘土等がどんな色なのか、同定していく作業も楽しくできそうです。もし、見つからないようであれば、オノマトペづくりと同じように、自分たちで、命名するというのもいいでしょう。ベージュとかブラウンなどの名称とは異なる日本語表記になるようこだわったり、身近な動植物の名前を入れたりすると、親近感も湧き、面白くなってきます。また、年齢に関係なく楽しめそうですね。

ところで、「土」「砂」「泥」「粘土」の4つの関係ですが、岩石が壊れてできた破片などを砕屑（さいせつ）物といい、泥、砂、礫（れき）がこれに該当します。泥は、シルト（silt）と粘土を含みます。シルトは地質学では1/16mm～1/256mmの岩石の粉状のものを指し、1/256mm以下は粘土としています。砂は2mm～1/16mmの岩石の粒が当てはまり、無機物です。しかし、土は、砂や泥などにさまざまな有機物が含まれた物です。もちろん生物の死骸やフンなども含まれています。土に色々な臭いがするのは、主にこうした有機物の作用ともいえます。

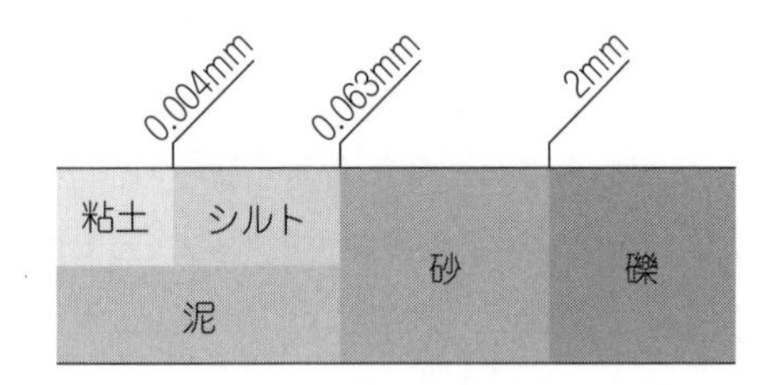

地質調査総合センター「絵で見る地球科学：泥・砂・礫の区分」

https://gbank.gsj.jp/geowords/picture/illust/mud_sand_gravel.html

匂いにかかわる話をもう少ししておきます。現象は異なりますが、水と土のコラボ現象、そう、雨の匂いについてです。正確に言うと、雨の降り始めと雨降りが上がった後の匂いのことです。皆さんは、雨の匂いを感じた経験はありませんか。思い出してみてください。

雨が降り始めた直後に地面から立ち上るあの独特な香り、あるいは雨上がりに広がるなんともいえない土のような匂い…なんとなく懐かしい匂いのようにも感じるのではないでしょうか。この匂いについては、「ペトリコール（Petrichor）」と「ゲオスミン（Geosmin）」で説明することができます。

前者の「ペトリコール」は、ギリシャ語で「石のエッセンス」という意味だそうですが、1960年代の科学論文に、「長い間日照りが続いた後の最初の雨に伴う独特の香り」という定義がなされているそうです。簡単に説明すると、ある種の植物から発生した油が乾燥した土や石に付着し、その油が降ってきた雨によって、細かな粒子となって空中に舞い上がることで発生する匂いだそうです。

「雨の降り始めの匂い」である「ペトリコール」に対して、「雨上がりの匂い」といえるのが、「ゲオスミン（Geosmin）」（ギリシャ語で「大地の匂い」）です。こちらは土壌細菌がつくり出す物質の匂いで、雨水によって拡散します。ゲオスミンは雨水が蒸発し始める際に匂いが強まるので、雨上がりに特徴的な匂いとして感じられるのです。

ペトリコールやゲオスミンのほかに、雨の匂いを感じさせる成分として、O3（オゾン）もあるそうです。

他にも雨（水）と土や砂との関係が見られるかもしれませんが、さて、地面から沸き起こるこうした匂いをどう表現できるでしょうか。匂いを表す言葉については、オノマトペというよりもいわゆる比喩を使った表現になってくるでしょう。例えられる事柄A（雨上がりの匂い）に対して例える事柄B（カビ臭い）を用意し、「BのようなA」（カビ臭いような雨上がりの匂い）といった直接的な表現が、簡単でわかりやすく、使いやすいでしょう。ただし、豊かに比喩を使って表現するには、さまざまな物の匂いや現象が起きた時に生じる匂いを実体験しておくことが望まれますね。

これまでのことをもとに諸感覚をベースにする「土」等に関する探究の活動アイデアを考え、まとめとしましょう。

まず、「視覚：色」と「触覚：重さ」の絡みも気になるかも知れません。「色が濃い方が重たい」「色が濃くなればなるほど重たくなる」「色に関係なく、泥が一番重たい」などが出てきそうですね。ここでのポイントとしては、「色のものさし」を子どもと一緒に用意することや、比較するものの体積を揃えて重さを測定することです。もちろん、後者は、上皿天秤などの実験器具の用意と使い方の指導付きとなりますが、子どもたちとの話合いによって多少の融通をきかせて取り組むことを心がけておきます。

また、気になるところとしては、「触覚：湿気」「触覚：硬さ・やわらかさ」に関わることがありますね。砂や土にどのくらい水を加えたら、泥になるか、粘土になるかといった点になるでしょう。湿り気が元々ある泥と粘土の違いは、なんだろうか。水を加えていけば、泥から粘土ができるのか。あるいは反対に、泥から水分を取り除いていけば、粘土になるのか。もちろん水を含ませていく過程で、どのような色・重さの変化が生じるのか否かも関心事として浮かび上がってくることは疑いないところかと思います。同時に「硬さ・やわらかさ」についても水の量との関係で語ってくる子どもに注意を払い、「硬さ・やわらかさ」の測定方法をじっくりと検討する時間を確保しておくところもポイントといえそうです。

発展的には、同じ「土」や「砂」等によっても匂いがある・ないなど「嗅覚」も加え、「触覚：湿気、温度」と関係付けて、温度の異なる水を加えたりすることによって、いつどのように匂いが生じる、生じないなど、感覚数の増加とともに探究の広がりが期待できそうです。さらに、匂いから、どんなもので土や砂が構成されているかという問いが生まれ、成分分析につながっていくかも知れません。やや発展させ過ぎかもしれませんが、自然現象に目を向けて、豪雨による河川の氾濫や土砂崩れなど池や湖、沼、河川等と土地の様子との関係、海と陸との境界等にも深掘りしていくことも考えたいところです。

〈資料等〉

久馬一剛（2010）土の科学　～いのちを育むパワーの秘密～、PHP 研究所

小野正弘（2019）オノマトペ　擬音語・擬態語の世界、角川ソフィア文庫

福田邦夫（2021）色の名前事典507、主婦の友社

SeDL（感覚主導学習）のために参考にしたい図書紹介

〈認知科学系〉

山内昭雄・鮎川武二『感覚の地図帳』講談社、2001年

総論から、興味を寄せて読み進めることができる。「総論1：刺激とそれをとらえる生きものたち」に始まり、「総論4：感覚器はどのようにしてできてくるか」とまとめ、それに続く特殊感覚（視覚、聴覚、平衡感覚、味覚、嗅覚）と一般感覚（痛覚、触覚・圧覚、固有感覚、冷温覚、血液成分感覚）でしっかりと内容を深めている。取り上げられている名称は、正確な表記であるものの馴染みが少なく、若干難解さを感じさせている。しかし、どのページもカラーで大胆な図を用いて、説明もていねいに、わかりやすく表現されており、現代科学の理解につながる内容であることからも、大いに参考となる書籍である。（溝邊）

行場次朗・箱田裕司編『知性と感性の心理 認知心理学入門』福村出版、2000年

本書は、2000年秋に刊行された。その構成は、序章「認知心理学とは何か」の中で漫画家手塚治虫氏が描いた「鉄腕アトム」を引きながら説明するように、「知性と感性の相補性を浮き彫りにする試み」であるとしている。認知心理学という学問分野における入門書として、「熱い認知」や「冷たい認知」の調和的融合を求めたところが本書の主張点であろう。もちろん、豊富な内容に支えられてその試みを成していることからも、ベーシックな理解にも役立つ良書であることは間違いない。どのページも丁寧に必読することを勧めておく。（溝邊）

菊池正編『感覚知覚心理学』朝倉書店、2008年

日常生活を過ごすだけで得られている知覚体験が、実は非常に複雑な処理過程を経て獲得されていることを実感することができる。「色」「明るさとコントラスト」「かたち」「3次元空間」「運動」といった知覚が説明され、特に、視覚に関する内容が充実している。読めば読むほど、知覚の不思議についてさらに知りたくなる。第1章末の「参考」で、感覚知覚心理学の教科書として、いくつかの本が紹介されているので、こちらも参考にしたい。（岩本）

北岡明佳編『いちばんはじめに読む心理学の本5　知覚心理学――心の入り口を科学する』ミネルヴァ書房、2011年

「はしがき」にも記されているように、外界の刺激を受けた際、人はどう感じるかを問う知覚心理学を本書は展開している。錯視・錯覚といった視点を中心に編集されている点、少しでもその分野に興味を持っていたなら、吸い込まれながら、ページをめくっていくに違いない。15章というボリュームもさることながら、各章においてもかなり豊富な内容構成となっている分、読者側からすれば、関心ある章から順番に、しっかりと読み込んでいくことが、確かな理解アップにつながるように思われる。また、その成果が期待できる一冊であることに間違いないだろう。（溝邊）

日本認知心理学会編『認知心理学ハンドブック』有斐閣、2013年

本書は、日本認知心理学会設立して10年が過ぎた時点での手引書的な辞典として編纂されている。もちろん、第2部「知覚・感性」では、シンプルに参考となる項目が目白押しである。第9部「発達・学習・教育」とのコラボを概観するのにも役立つのみならず、他の項目も合わせて、原点に戻って幅広く思考したり・専門的な内容の点検をしたりするのに欠かせない一冊ともいえる。（溝邊）

行場次朗・箱田裕司編『新・知性と感性の心理――認知心理学最前線』福村出版、2014年

本書は、前作の改訂とともに新しい知性・感性の科学、身体性の科学としての認知心理学の立場で記されている。約10年以上の研究成果の進歩も踏まえ、編集されているが、前書同様、章ごとにブックガイドやトピックスが十分に用意され、最先端の研究知見も楽しく触れることができる点で、興味を持って読める一冊である。今後の認知心理学の展開においても前書とともに半世紀以上進められている多感覚研究や感性認知のあり方等をベースとした振り返りを行う際の参考書として活用したい。(溝邊)

太田信夫監修・行場次朗編『シリーズ心理学と仕事1 感覚・知覚心理学』北大路書房、2018年

本書の章の構成は、感覚・知覚心理学の全般の紹介に始まり、各章においては、それぞれの感覚の特徴を押さえると共にそれが実社会とどのようなつながりがあるか、執筆者の豊かな知識と経験で語られているところが新鮮であり、今後の教育活動のヒントにもなりそうだ。また、第2章から第9章までそれぞれに関連する「現場の声」も見落とせない。トリックアート(心理学参加型アート)の話であったり、身体感覚最前線としてのフェイシャルエステ、香りをつくるパヒューマーの語りであったりする。どの内容も身近な社会的な営みの成立に感覚・知覚の重要性が認められ、大いに刺激を受ける。(溝邊)

嶋田総太郎編『認知科学講座1 心と身体』東京大学出版会、2022年

身体の動作や感覚は、自己認識や言語、思考、記憶、感情、社会性の発達などに大きな影響を与えていることを詳細に説明している。また、ロボット・VR・アバター研究など最近の動向を紹介しながら、現在における「身体性認知科学」の姿と今後の展望が示されている。身体性を土台として保ちつつ、身体性を超えた高次の認知や意識へのつながりを知ることができる。(岩本)

渡邊淳司『表現する認知科学』新曜社、2020年

私たち人間は、自分の認知している世界を完全な形で別の人と共有することは難しい。また、触覚や痛みのような身体感覚をどうやって他の人に伝えるのか、その方法論は視覚や聴覚ほど確立されていない。その点に注目し、本書では、触覚や身体感覚を通じて、他者とコミュニケーションを行うための「触/身体感覚のデザイン」について紹介されている。鼓動を手の上の触感として感じる「心臓ピクニック」、「振動電話“ふるえ”」、「触感TV」等のテクノロジーが紹介され、近未来のコミュニケーションの在り方を感じることができる。(岩本)

横澤一彦『感じる認知科学』新曜社、2021年

本書では、「感じる」は、諸感覚器官から入力された情報が脳に届けられ意識されるまでの過程だとし、それに関する内容をエピソード的にわかりやすく説明がなされている。私たちが興味を持つものには優先的に情報処理をしていくことは自明であるものの、「感じない」「感じすぎる」といったキーワードで語られている点は読書ハードルを下げてくれる。また、それぞれの感覚器官から得られた情報の処理結果となる表象は、必ずしも外界の特徴を捉えているものでないことも、仮想表象や辻褄合わせの表象などで面白く展開されている。さらに「操られる」点から錯覚プロジェクションやフードポルノ、感覚間協応など具体的な話によって、最後まで飽きることなく楽しんで読み切ることができる。(溝邊)

レベッカ・フィンチャー・キーファー著、望月正哉・井関龍太・川﨑惠理子訳『知識は身体からできている —身体化された認知の心理学』新曜社、2021年

「身体化された認知」は、これまでにも哲学者をはじめ、認知科学者や様々な分野の研究者たちの興味あるテーマである。ここでは、視覚・聴覚・触覚といった身体に依存する知覚の表象化、すなわちマルチモーダルな身体性が大きく影響することを丁寧かつ体系的に、しかも初学者にもわかりやすく解説している点が特徴である。第2章からグレンバーグの「身体は知識に必須」という考えや知覚的シンボルシステム仮説（バーサルー）、レイコフ＆ジョンソンの概念的メタファーにふれ、述べている。各章では、はじめに「本章の問い」が示され、それについての解説がなされる方式が採られ、章末には、重要ポイントとして再度、言語化されていることで理解の困難性を和らげている。テキストとしても有用さが感じられる。（溝邊）

ローレンス．D・ローゼンブラム（著）齋藤慎子（訳）『最新脳科学でわかった 五感の驚異』講談社、2011年

マウンテンバイクのツーリングを率いている盲目の人、読唇の達人、話している人の顔に触ることで話の内容がわかる視聴覚障がい者、ソムリエ、香りデザイナー、味の鑑定士など、高度に発達した知覚能力を持つ人々が紹介されている。この本を読み進めると、こうした人々だけでなく、誰もが驚異的な知覚能力が備わっていることに気付き、そうした能力とそのしくみを意識するようになれば、その能力をさらに使いこなすことができることに気付かされる。（岩本）

山村紳一郎（著）坂井建雄（監修）『子供の科学★サイエンスブックス　五感ってナンだ！　まるごとわかる「感じる」しくみ：見る、聞く、かぐ、味わう、さわるってどういうこと？』誠文堂新光社、2016年

はじめに、目、耳、鼻といった感覚器と脳との関係をふまえながら、五感とはなにか、五感で感じることがなぜ必要なのか、わかりやすく解説している。第１章かはら、視覚、聴覚、嗅覚、味覚、皮膚感覚といった、五感のそれぞれについて、そのしくみを解説し、五感をつかったかんたんなゲームやあそびなどを紹介している。最後に、五感以外の感覚にも書かれている。感覚器や体のしくみまで詳細に書かれており、大人が読んでも満足できる内容。わかりやすく項目に分かれていたり、挿絵があったりすることで、理解しやすく、子どもが自分で手にとって読み、学びを深めていくことができる一冊。（坂田）

〈言語・オノマトペ系〉

坂本真樹『五感を探るオノマトペ　「ふわふわ」と「もふもふ」の違いは数値化できる』共立出版、2019年

文系分野と理工系の技術のコラボさせた筆者の取り組みによってオノマトペが語られている。日常に欠かせないオノマトペ（第１章）から入り、その特徴をうまく受け入れる用意を持たせた後に、本編へと誘っている。オノマトペの音に感覚が結び付くことやオノマトペ、擬音語を数値化していくところに面白さが感じられる。「まとめ」にある鈴木宏昭氏の言葉が強調するように、マルチモーダル（多感覚性）な性質を有するオノマトペから新しい人間の知のあり方が拓かれていくように感じられる。（溝邊）

秋田喜美『オノマトペの認知科学』新曜社、2022年

本書は、「認知科学のススメ」シリーズ（全10巻）の第９巻として刊行されている。承知の通り、認知科学は、知のシステム、メカニズム解明のための学問である。そして、その一つのありようとして「オノマトペ」が取り上げられている。第１章では、オノマトペが私たちの生活にとても役立つツールとして多感覚イメージを喚起する様々な場面を例示しながら確認され、第２章でその特徴を恣意性とアイコン性で説明されている。第３章は、オノマトペが文に溶け込んでいる点をまとめ、言語の起源説との関わりといった第４章で全体を括っている。内容がわかりやすい上に、時折挟まれているColumnも興味深く読める。まさに入門書として刺激的で存在感ある一冊と感じる。（溝邊）

福山憲市『話し言葉・書き言葉が豊かになるオノマトペ絵カード』合同出版、2020年

遊び道具としてのオノマトペカードがたくさん。パターン１（表：オノマトペ、裏：絵）が100枚、パターン２（表：オノマトペ、裏：説明）が100枚。比較的シンプルなデザインであることからも対象は、幅広い想定がなされている。工夫を凝らしたカード遊びも可能である。さらに白紙カードも用意されていることから、新しいオノマトペを作成して遊びを拡大していくこともねらいとしていることがよくわかる。（溝邊）

高野紀子『日本語オノマトペのえほん』あすなろ書房、2020年

テーマ「笑う」「食べる」などとともに四季にまつわるオノマトペや消えゆく、生まれてくるオノマトペ、方言のオノマトペ、外国のオノマトペなども加わり、とても楽しくページをめくることができる。描かれているイラストも話題としながら、味わうことができるという絵本の特徴をうまく活かしている点も含め、日本語としてオノマトペが好きになり、使ってみたくなるきっかけづくりとして活用できる良書。（溝邊）

小野正弘監修『イラストでわかるオノマトペじてん』成美堂出版、2021年

１項目に２語のオノマトペを用意して、面白いイラスト付き（オールカラー）で、かつクイズ形式でその意味や情景などを簡潔に、わかりやすく説明している。各章もよく使っているオノマトペや知っておきたいオノマトペなどでまとめられ、読み切る時間もそうかからない。その中でもオノマトペの方言は面白く、自ら実地調査をしたくなるほどだ。また各ページには必ず「似た言葉」が簡単な解説付きで示されている。章末コラムに見られる「うんちく」も知って得する内容がしっかりと載せられている点も魅力の一つといえそうだ。（溝邊）

小野正弘『くらべてわかるオノマトペ』東洋館出版社、2018年

擬音語と擬態語、ときには擬容語、擬声語、擬情語などにも分類されるオノマトペ。本書は、あえて類似するオノマトペを比較して、オノマトペの楽しさを感じてもらうきっかけづくりとしている点が特徴である。読めば読むほどに、その微妙なニュアンスが理解でき、だから、すぐに使ってみたくなるのも本書の魅力であり、オノマトペの魔力である。オノマトペくらべをするからこそわかる新鮮な環境世界が目の前に広がる。このようなワクワク体験が得られることから、「寄ってみたいカフェ」的存在としての一冊ともいえよう。（溝邊）

小野正弘『オノマトペ 擬音語・擬態語の世界』角川ソフィア文庫、2019年

本書では、世の中にあふれているオノマトペについて、筆者による多角的な分析が書かれている。オノマトペの歴史は、『古事記』まで遡る。「こをろこをろ」とは？漢字ばかりの時代にも、オノマトペの原点がある。その他、オノマトペの創り方、小説や漫画に登場するオノマトペの効果、方言や生活の中で使われるオノマトペ、など。豊富な例やエピソードから、オノマトペの魅力に迫る。オノマトペによる様々な効果や、見方に触れることができ、面白い一冊。（坂田）

『リーダーズ英和辞典』編集部（編）『マンガで楽しむ英語擬音語辞典　新装コンパクト版』研究社、2007年

英語のオノマトペ付きの一コマ漫画が表現されている本書は、英語の辞典というより、子どもから大人まで興味を持ってページをめくるマンガ本といったところだろう。そればかりではなく、索引を兼ねた用例豊富な擬音語小辞典も巻末に付されているので大変有益である。同じ動物の鳴き声でも日本語と英語ではどういうオノマトペの違いがあるのか、比較も容易にできる。見れば見るほど、楽しく理解が進み、納得のシーンとして頭に残る。ぜひ活用してみたくなる面白辞典の一冊。（溝邊）

小野正弘『日本語オノマトペ辞典 擬音語・擬態語4500』小学館、2007年

本書刊行の言葉で小野氏が語るように、オノマトペは、通常の言葉では言い尽くせないことをズバリと言うことができる魅力がある。と同時に双刃の剣として感覚的すぎるところもあることから、オノマトペとそれを説明する言葉を具備すれば最強である。読み進めるほどに興味が湧く「オノマトペのたのしさ」の章を終えた後は、アイウエオ順に示された辞書でありながら、約4500語の中で、半数ほどを自然、天気、温度、水・液体、火・土に分け、その意味・用法が述べられている。また、付録として、漢語オノマトペ編、鳴き声オノマトペ編（鳥、虫、動物）が編集され、とても面白く読める。「解説―歴史的変遷とその広がり」においても楽しみながら完読することができる。（溝邊）

窪薗晴夫編『オノマトペの謎　ピカチュウからモフモフまで』岩波書店、2017年

本書の序章にも記されているように、オノマトペは、日本語に欠かせない言葉である。物の名称や日常生活でのできごと、ようすの説明によく登場する。というより、日本語は、オノマトペなくしては、なかなか言い表せないのが当たり前のようである。にもかかわらず、その特徴や歴史など詳細については、いまだによくわかっていない。その辺りをターゲットとして、見出しを全て疑問形として表し、丁寧に解説を用意しているのが本書の特徴といえる。本書を読み終える頃には、自分でも創作し、そのオノマトペを分析してみたくなる。（溝邊）

中村明『五感にひびく日本語』青土社、2019年

本書は、体ことばの慣用句やイメージの慣用表現、抽象概念を感覚的に表現したもの、喜怒哀楽を体感的に表現したもの、比喩の五つをテーマとして展開している。普段使用している慣用句の様子を文章で表していたり、文学作品などに出てくる表現が何をイメージして書かれているのかを解説したりしている。何気なく使用している日本語を五感という視点から述べられており、日本語の表現が現在に至るまでにどのように扱われてきたのかを紐解くことに近づくことができるものとなっている。（平川）

田中実『五感の英語表現―形・色・味・におい・状態』北星堂書店、1992年

形容詞に焦点を当てて、英語による形や色、味、におい、状態の表現を例示している。また、巻末に形容詞索引がある。第１章「形の表現」では、重厚軽薄、広狭と長短、丸・円形・球形などをテーマに表現の説明がなされている。具体的に、thin（薄い）とheavy（厚くて、重みがある）いう違いがある。つまり、thinは「視覚」、heavyは「視覚と触覚」で対象を捉えた表現だといえる。第２章以降の「色」「味」「におい」「状態」「材質」「大きさ・量感」でも、対象を諸感覚で捉えたときの表現が多く紹介されている。日本語同様、英語も微妙な認識の違いを表現することができると、本書で確認できる。さらに、紹介されている英語を基に、諸感覚の視点（例えば、視覚では形・大きさ・色などの視点、触覚には重さ、触り心地などの視点がある）を整理することができる。（岩本）

〈ネイチャーゲーム系〉

ジャクリーヌ・ホースフォール著・日本ネイチャーゲーム協会訳『３歳からの自然体感ゲーム』柏書房、1999年

環境教育ゲームとしての特徴を持つ本書は、読者対象を３歳～９歳の子どもとその保護者や指導者、活動のリーダー（引率者）などとしている。ジョセフ・コーネル氏（自然教育者）のフローラーニング（熱意をよびおこす、感覚をとぎすませる、自然を直接体験する、感動をわかちあう）の理論に基づきながら展開され、ゲームのタイトル、ゲームの目的、大人のための解説、ゲーム前の準備、活動（「用意しよう！」「はじめに！」「やってみよう！」「話し合ってみよう！」）が示され、実にわかりやすく、コンパクトにまとめられている。指導者側にとっても「無理なく教えず、学ばせる」ことができる。色々な機会に子どもと一緒になって活用したいゲーム解説書である。（溝邊）

日置光久・村山哲哉・神長美津子・津金美智子編著『子どもと自然とネイチャーゲーム　保育と授業に生かす自然体験』社団法人日本ネイチャーゲーム協会、2012年

ネイチャーゲームの活動では、3つのキーワード「自然への気づき」「わかちあい」「フローラーニング」が大切にされている。「フローラーニング」の「カワウソ（熱意を呼び起こす）」「カラス（感覚を研ぎ澄ます）」「クマ（自然を直接体験する）」「イルカ（感動を分かち合う）」も重要な要素である。本書では、そうした点も踏まえながら、体験型環境教育の一つとして、保育場面や授業での活用のポイントがわかりやすく提示されている。特に具体的な活動の時間的流れや、単元構成の表記も加えられているので、モデルとして活用ができる。と同時に応用編としてのアイデアも考えやすい。（溝邊）

神長美津子・酒井幸子・田代幸代・山口哲也編著『すごい！ふしぎ！おもしろい！　子どもと楽しむ自然体験活動　保育力をみがくネイチャーゲーム』光生館、2013年

本書の特徴といえば、乳幼児期の保育・教育に携わっている保育者が実践してきたことを事例として掲載し、どの園でもすぐに実践ができるよう体験の楽しさや展開の工夫、かかわりのヒントなどがわかりやすく編集しているところだ。また、保育者養成課程での実用例も示されている点は、保育者希望学生のみならず、現職の保育者にとっても幼児期の自然体験活動をより豊かにするための環境構成や子どもへのかかわりを改めて考えるよい機会となっている。各章で取り上げられている参考文献も気にしておきたい。寄り道して深めていくことも本書の読み方の一つになるかもしれない。（溝邊）

日置光久・神長美津子『アクティブラーニング実践書！体験と学びを深めるネイチャーゲーム』日本シェアリングネイチャー協会、2021年

周知のようにネイチャーゲームは、ジョセフ・コーネル氏（米：ナチュラリスト）が40年以上前に発表されたものである。私たちが持っている諸感覚を使って自然と関わり、楽しみ、一体感等を感じるネイチャーゲームは、誰もが参加しやすく、自然の不思議さや面白さなど、深め分かち合うことができるアクティビティといえる。現在、日本でも誕生したものを合わせると約180種類となるが、本書では、保育をはじめ、小学校や特別支援で活用する際のネイチャーゲームの基礎的な知識や活動の流れ、はたらきかけのポイントなど丁寧でわかりやすいイラスト付きでまとめている。紹介された内容にチャレンジするなかで、新しい活用のアイデアも出てきそう。（溝邊）

〈感覚統合系〉

太田篤志『学童期の感覚統合遊び――学童保育と作業療法士のコラボレーション』クリエイツかもがわ、2019年

感覚統合理論のモデルをわかりやすく、丁寧に説明された後、子どもの発達を促す感覚統合遊びの事例が紹介されている。30例近いその遊びは、外遊び、室内遊び、伝承遊びと区分され、まとめられているが、いずれも写真やイラストが効果的に活用され、経験の少ない指導者にとっても上手くポイントが掴めるようになっている。学童期に限らず、幼児期の子どもにも応用ができそうな事例を用意している点は、「明日からすぐできる」というキャッチフレーズの通り。手放さず、いつも身近に置いておきたい頼りになる一冊である。（溝邊）

加藤寿宏『乳幼児期の感覚統合遊び――保育士と作業療法士のコラボレーション』クリエイツかもがわ、2016年

一般に、視覚、聴覚、嗅覚、味覚、触覚は、馴染みがあり、日常生活でもよく「五感」と称されているが、ここでは、体の傾きや動きを感じる前庭覚、筋肉や関節の状態を感じる固有受容覚も含み、それらを大切にした感覚統合を取り上げている。感覚統合の発達をピラミッド図で表しながら、写真・イラストなどを交えていねいな解説が印象的である。もちろん、年齢ごとに示された遊び・動作・作業に作業療法士の視点が加わって、ポイントがより明確になっていることは言うまでもない。工夫した感覚統合活動に取り組んでみたい人にとって、必読の一冊となるだろう。（溝邊）

佐藤和美『たのしくあそんで感覚統合——手づくりのあそび100』かもがわ出版、2008年

筆者が相談を受けた「気になる子」を取り上げ、そうなる要因やどのような遊びがその子の発達を促すのか、ということについて予想されるものを感覚統合の視点から考え、7つのタイプ別にまとめて書かれている。遊びの内容は、実際の写真と共に、作り方・遊び方も詳しく書かれており、イメージしやすい。その遊びを通して、どんな感覚が養われるのかが書かれているので、保育者もその良さを理解しながら遊びを選ぶことができる。（流田）

〈図鑑・事典系〉

藤井伸二『色で見わけ五感で楽しむ野草図鑑』ナツメ社、2014年

花の色のインデックス、果実のインデックスがある。白・黄・橙・赤・紫・青・緑/茶といった7系統の色に整理されて紹介されている。野草が紹介されている各ページの右下に、「見てみよう」「触ってみよう」「かいでみよう」「聴いてみよう」「食べてみよう」という五感のアイコンと観察の楽しみ方が載っている。五感を使った観察の楽しみ方が紹介されているため、観察の観点が増え、野草の魅力をさらに感じ取ることができる。（岩本）

林将之（著）ネイチャープロ編集室（編）『葉っぱで見わけ五感で楽しむ 樹木図鑑』ナツメ社、2014年

藤井伸二（2014）『色で見わけ五感で楽しむ野草図鑑』同様、五感のアイコンと観察の楽しみ方が載っている。観察のポイントとして、まず、樹木全体を見る。次に、葉の形、縁の形、落葉樹・常緑樹、葉の生え方を確認し、葉で見分ける。そして、樹形や樹皮、花、果実といった葉以外の特徴を見る。最後に、五感での楽しむといった観察の流れが紹介されている。樹木を部分と全体の視点で諸感覚を働かせながら捉えることで、樹木の理解が深まる。（岩本）

竹内修二『感覚と脳のメカニズムがわかる 五感のふしぎ絵事典 あそびをつうじて楽しく学ぶ』PHP研究所、2007年

本書は、五感について考える機会を増やすことを願い、竹内修二氏の監修のもと刊行された。第1章では、五感とは何か、そして五感の仕組みについて、子どもにもわかりやすく図解されている。第2章では、五感の仕組みにまつわるやゲームや遊びについて説明されている。第3章では、五感に関しての素朴な疑問をQ＆A形式で紹介したり、五感にかかわる慣用句や用語を紹介したりしている。

子ども向けに刊行されているため、内容も容易に理解することができるものとなっている。さらにカラーを用いて図解されており、五感について初歩的な理解に大いに参考となる書籍となっている。（平川）

〈遊び・ワーク・体験系〉

（株）アネビー『感覚の遊具について知ろう！新五感ナビゲーター（完全版）』、2022年

本冊子は、遊具メーカーの提案書である。ジーン・エアーズ氏（米）の考えを参考にしつつ、子どもの発達にとって大切と考える感覚を視覚、聴覚、触覚（タッチ覚）に加えバランス覚（前庭覚）、ボディ覚（固有覚）を「新五感」として説明しながら、遊び環境についてまとめたものである。2021年に発行した暫定版『感覚の遊具について知ろう！新五感ナビゲーター』に続く本書は、暫定版に新たな情報を追加・編集した完全版。公園や保育園・幼稚園等の遊び環境に関心のある方、特に諸感覚活用に興味ある方は、一読の価値あり。（溝邊）

横山稔『五感のデザインワークブック――「感じる」をカタチにする』彰国社、2013年

この楽しくて簡単な五感を刺激するワークブックは、特に空間や身体との対話、身の回りの環境と五感を使った12の工夫された演習が用意されており、読者のデザイン感覚を呼び覚ますようになっている。「空間の記憶を五感で表現」「香りから連想する色のイメージ空間」「味と空間の関係をスケッチとコトバにする」など、いわゆる「五感を活かした空間デザイン力：感じるをカタチにする」ための方法や習慣を味わうことができるユニークな書である。（溝邊）

鴨下賢一『今日何してあそぶ？脳と体をそだてる感覚あそびカード144――11の感覚・機能を発達させる』合同出版、2019年

使いやすくカードとして感覚遊びが登場してきている。ここで紹介されている遊びは、その数も感心するが、かかわる感覚が示されていたり、場所や遊べる人数がわかるようになっていたりする。また、QRコードを読み込むことで、遊びの動画も視聴できるようになっているなど、丁寧な工夫がなされていて、どの年代のどの子どもにも活用可能性が高くなっている点がうれしい。遊び込んだ子どもの中から、どんな言葉が出てくるかも楽しみになりそうなツールのように感じる。（溝邊）

山下柚実・岸尾祐二『子どもを育てる五感スクール――感覚を磨く25のメソッド』東洋館出版社、2006年

「感覚的共感」が「五感」を育てる――こうした筆者の主張を具体的なメソッドとして紹介している。各感覚の役割と機能（はたらき）が示された後、メソッドのスタイルとして「目覚める、発見する、交流する、記録する、自分を知る」の５つが語られて面白い。各章末には「学校でできるメソッド」もわかりやすく紹介されているので、取り入れ易いのもうれしい。また、「五感の履歴書」「五感の地図」なども表現との結びつきのアイデアとしてぜひ活用・応用してみたくなる。（溝邊）

山田／卓三『五感をみがくあそびシリーズ　自然のおくりもの つくる・たべる・あそぶ』農山漁村文化協会、2011年

さまざまな自然の素材をつかったあそびを野原、水辺、里山、里海と場所別に紹介している。身近な素材をつかった自然あそびを通して、五感をフルに働かせたくなる。五感をつかった体験と知識は、何ものにもかえられないだろう。巻末にはあそびに使われている自然物の索引がついており、素材からあそびを調べて読むことができる。子どもだけでなく大人も一緒になって楽しめるアイディアや、豆知識コーナーや図鑑コーナーもあり、身のまわりの動植物や自然現象についての知識をおりまぜながら書かれている。子どもが自分で手にとって読み、あそびが見つかったらすぐに外に出て遊びたくなるようなシリーズとなっている。（坂田）

クロード・デラフォックス、ソフィー・ニフケ、ガリマールジュネス社（著）手塚千史（訳）『はじめての発見　見る・五感の本』『はじめての発見　さわる・五感の本』『はじめての発見　聴く・五感の本』『はじめての発見　かぐ・五感の本』『はじめての発見　味わう・五感の本』岳陽舎、2002年

「見る」「さわる」「聴く」「かぐ」「味わう」の５つの感覚を、身近な生活経験を取り上げながら、丁寧に説明している。その感覚を持つことでどんな良さがあるのか、どんなことができるのか、そしてその感覚は人間以外の動物ではどのように使われているのかまで書かれている。文字だけでの説明ではなく、絵で描かれているところもとてもわかりやすい内容となっている。「さわる・五感の本」では、実際に触ってみて感触を知ることができるページがある。本の中に、はさみこまれた透明のページ。そのページをめくると絵が変わり、驚きの世界が広がる。こどもも大人も楽しめる本となっている。（流田）

保育と遊びのプラットフォーム［ほいくる］感触遊びアイデア集～いろんな感触を楽しめる遊び～ https://hoiclue.jp/800010257.html

「氷のゆびわ～ツルツルきれいでひんやり冷たい」「発見いろいろの感触遊び～」「プルプル寒天遊び～素材の変化を楽しむ」「野菜で色付け感触遊び～」「ピカピカ泥だんごの作り方　～おもわず真剣になっちゃう泥遊び～」「【絵本×あそび】葉っぱびりびり～絵本／はっぱ はらっぱら はっぱっぱ～」…こうしたタイトルを見るだけでもワクワクしてしまう。それぞれの写真と作業準備や工程も丁寧に示されていて、わかりやすく、楽しみやすくなっている。諸感覚の研ぎ澄ましが自然と行われる遊びが並んでいる。遊びのモデルとして、チャレンジすることから、それに留まらないで、次々オリジナルな作品にも取り組んでいけそうだ。（溝邊）

〈その他〉

レイチェル・イザドラ（著）山口創（監修）『「感じる」を育てる本―The Book of Five Senses―』ディスカヴァー・トゥエンティワン、2018年

本書は、普段五感を意識していない身近な場面をイラストと短文で表し、五感を意識できる手助けとなることを目的として刊行されている。親しみがもてるイラストに場面を切り取った短文が何気ない日常をイメージでき、子どもも十分読みこなすことができるものとなっている。五感それぞれの終わりの部分には、その感覚の特性や活かす方法などが書かれており、感じることの喜びを体験する工夫がなされている。ぜひ手に取ってみたい一冊である。（平川）

田中直人・保志場国夫『五感を刺激する環境デザイン――デンマークのユニバーサルデザイン事例に学ぶ』彰国社、2002年

本書は、デンマークのバリアフリーに関するデザイン事例がどのように五感を刺激しているのかについて５つの章立てで展開されている。５つの章はデザイン手法とユニバーサルデザインの２つの視点で大きくまとめられている。今後の高齢化社会において感覚刺激をもとに建築や環境デザインを行っていくことは日本でも重要視するべきポイントとして述べれられており、デンマークの事例が日本の建築に新たな発想を生むことを目的として刊行されている。

実際の写真やイラスト、下部に語句の解説などが掲載されており、とても読みやすいものとなっている。（平川）

斎藤孝・山下柚実『「五感力」を育てる』中央公論新社、2002年

子どもたちの遊びの内容は変質し、五感力を育んできた環境は次々と失われている。五感力は確実に衰えている。一見、何の支障もなく日常生活を送れているように見えるが、身体感覚やコミュニケーション能力の発達などに影響が見られる。

この書籍の中では、子どもの発達障害、身体能力という視点から、五感力の重要性について述べられている。実際の調査のデータや子どもたちを育てる現場の様子とともに解説されている。また、乳児期からできる「五感力」を育てる10のメソッドなどの提言もある。（坂田）

山下柚実『脳がいきいき「五感力」の磨き方』健学社、2006年

コストパフォーマンス、タイムパフォーマンスが求められる現代社会において、五感を通した共感力が失われつつあると警鐘を鳴らしている。今こそ、自らの「五感力」に気付き、磨く、そして、五感を上手に働かせて他者とコミュニケーションをとることが重要であると気付かせてくれる。目隠しをして粉の種類を言い当てる「指先の識別力だめし」や、自然の音と機械が立てる音などテーマをもって音を聞き分ける「聴く音を指定する」など、「五感力」を磨くメソッドが25個紹介されている。「五感力」をネットワークするためのメソッドも載っている。（岩本）

内坂芳美『しょっぱい。すっぱい。にがい。あまい。――子どもの五感をめざめさせる味覚の授業』合同出版、2007年

フランスの小学校で実施されている「食育」の授業。とても単純だが、とても重要であることが、具体的な実践のイメージから容易に想像できる。子どもたちは、「塩」「酢」「チョコレート」「砂糖」の色や形をよく見て、においをかぎ、手と舌で感触を確かめ、食べる音を聞き、味わう。本書でのそうした五感活用の紹介によって、その重要性の再確認とともに日本の食育を豊かにすることへの提言となっている。（溝邊）

〈博物館系〉

感覚ミュージアム（大崎市）

2000年（平成12年）8月、「視覚・聴覚・嗅覚・味覚・触覚」といった人間の五感をテーマにした日本で初めてのミュージアムが開館。ダイアローグゾーン（身体感覚空間）とモノローグゾーン（瞑想空間）の2つから構成される館内には感覚を意識することができる装置や展示が置かれている。現代アートのオブジェのような装置で「見る・聞く・触れる」といった感覚を再認識し、豊かな感性を呼び覚ますユニークなミュージアムである。機会があったら、ぜひ訪ねてみたい。所在地：宮城県大崎市岩出山字下川原町100　開館時間 9：30～17：00（最終入館時間 16：30）定休日：月曜日（祝日の場合はその翌日）、年末年始 https://www.city.osaki.miyagi.jp/shisei/soshikikarasagasu/iwadeyamasogoushisho/chiikishinkoka/5/1/1894.html （溝邊）

〈編著者紹介〉

溝邊 和成（みぞべ かずしげ）

兵庫教育大学名誉教授／九州共立大学教授。博士（学術）。専門は、小学校生活科・理科・総合学習実践論・カリキュラム論。最近では、教科横断的な認知表現・カリキュラム構成の史的分析や実践開発に「幼小連携」「異年齢集団学習」「世代間交流」等が加わる研究も関心事となっている。『小学校理科の雑談ネタ40（3・4年）（5・6年）』（明治図書出版社）、『「深い学び」につながる授業アイデア64』（東洋館出版社）、『新たな社会創造に向かうソーシャルネットワークとしての世代間交流活動』（三学出版）、『「戦後初期コア・カリキュラム研究資料集」（第3回配本　中学校編・附属校編）解題「附属学校におけるコア・カリキュラムの構成―兵庫師範学校・神戸大学の附属を中心に―」』、クロスカルチャー出版社　ほか。

担当箇所：はじめに、第1章第1節〈試みたい活動③〉、第2節、コラム「諸感覚」の話1、第3章第4節、コラム「諸感覚」の話3、図書紹介

〈執筆者紹介〉

岩本 哲也（いわもと てつや）

大阪市立味原小学校首席。専門は理科教育。日本理科教育学会、日本生活科・総合的学習教育学会、日本保育学会、大阪市小学校教育研究会理科部に所属。小学校理科の全国学力・学習状況調査問題作成・分析委員（平成31年～令和3年）。『板書で見る全単元・全時間の授業のすべて 理科 小学校6年～令和2年度全面実施学習指導要領対応～』（東洋館出版社）、『小学校理科の雑談ネタ40（3・4年）（5・6年）』（明治図書出版社）、『「深い学び」につながる授業アイデア64』（東洋館出版社）ほか。

担当箇所：第1章第1節〈試みたい活動②〉、第3節、第4節、第2章第1節、第2節、第3節、第5節、コラム「諸感覚」の話2、第3章第1節、第2節、図書紹介

坂田 紘子（さかた ひろこ）

大阪市立東桃谷小学校指導教諭。日本理科教育学会、日本生活科・総合的学習教育学会、日本保育学会に所属。大阪市小学校教育研究会理科部員。日本理科教育学会優秀実践賞受賞（2020年）。前任校の大阪教育大学附属平野小学校では、文部科学省研究開発指定校として「未来そうぞう科」の実践研究を経験。『学びを創り続ける子どもを育む主体的・協働的・創造的な授業づくり』（明治図書出版社）、『未来を「そうぞう」する子どもを育てる探究的な授業づくり』（明治図書出版社）、『小学校理科の雑談ネタ40（3・4年）（5・6年）』（明治図書出版社）　ほか。

担当箇所：第1章第1節、第2節〈試みたい活動②〉、第3節〈試みたい活動②〉、第4節〈試みたい活動②〉、第2章第3節〈試みたい活動②〉、第4節、第4節〈試みたい活動②〉、第5節〈試みたい活動①〉、第3章第3節〈試みたい活動②〉、第4節〈試みたい活動②〉、図書紹介

流田 絵美（ながれだ えみ）

学校法人大宮学園大宮幼稚園主幹教諭。日本保育学会所属。大阪市小学校教諭として10年間勤務経験を有する。大阪市保育・幼児教育センター主催：就学前教育カリキュラムパイロット園所実践研究報告（主体性を育むための指導者の働きかけを考える～就学前教育カリキュラムを活用して～）（2020年1月）などを経て、現在、幼児教育の質向上システム（ECEQ®：Early Childhood Education Quality System）に取り組み、保育・幼児教育の質の向上に努めている。

担当箇所：第1章第4節〈試みたい活動①〉、第2章第1節〈試みたい活動②〉、第2節〈試みたい活動②〉、第3節〈試みたい活動①〉、第4節〈試みたい活動①〉、第5節〈試みたい活動②〉、第3章第1節〈試みたい活動②③〉、第2節〈試みたい活動②〉、第3節〈試みたい活動①〉、第4節〈試みたい活動①〉、図書紹介

平川 晃基（ひらかわ こうき）

大阪市立豊新小学校教諭。日本理科教育学会、日本生活科・総合的学習教育学会、日本保育学会に所属。令和2年より大阪市小学校教育研究会社会部員として取り組み、全国小学校社会科研究大会主催校で授業公開（令和3年度）。最近では、理科・社会科を中心とした教科横断的な学習の実践的指導力向上をめざして研鑽を積んできている。『小学校理科の雑談ネタ40（3・4年）（5・6年）』（明治図書出版社）ほか。

担当箇所：第1章第1節〈試みたい活動①〉、第2節〈試みたい活動①〉、第3節〈試みたい活動①〉、第2章第1節〈試みたい活動①③〉、第2節〈試みたい活動①〉、第3章第1節〈試みたい活動①〉、第2節〈試みたい活動①〉、第3節、図書紹介

感じてひらく　子どもの「かがく」

2024年6月10日　初　版第1刷発行　〈検印省略〉

定価はカバーに
表示しています

編著者　溝　邊　和　成
発行者　杉　田　啓　三
印刷者　中　村　勝　弘

発行所　株式会社　ミネルヴァ書房
607-8494 京都市山科区日ノ岡堤谷町1
電話(075)581-5191／振替01020-0-8076

中村印刷・新生製本

ISBN 978-4-623-09691-6

Printed in Japan

日本なんでもランキング図鑑

池野範男・久保哲朗監修　ミネルヴァ書房編集部編　　B５判　128頁　本体2500円＋税

世界なんでもランキング図鑑

池野範男・久保哲朗監修　ミネルヴァ書房編集部編　　B５判　128頁　本体2500円＋税

●日本と世界についての様々な事柄をランキングにして写真やイラスト、図などでビジュアルにわかりやすく解説する。学校でちょっと自慢したくなるような雑学が満載。「へえ、そうなんだ！」と思わず言ってしまいそうな意外なランキングやおもしろいランキングも掲載しており、興味を持って読み進めながら楽しく学べる。小学校中学年～中学校の地理、歴史、理科などの教科の学習にも役立つ一冊。

授業づくりの深め方――「よい授業」をデザインするための５つのツボ

石井英真著　　四六判　404頁　本体2800円＋税

●目の前の子どもに応じて、個々の手法をアレンジして使いこなしたり、授業を組み立てたりする上での原理・原則（授業づくりの５つのツボ）が、明日の授業を変えるヒントになる。日本の教育現場が蓄積してきた不易の知恵や文化（現場の教育学）を包括的に整理しつつ、新しい学力や学びのあり方に対応した教育文化の刷新を図る本書は、教育をめぐる流行に踊らされることなく、教師一人ひとりが自らのやり方でよい授業を追求するための考え方と方法を指し示す。

びわ湖のほとりで35年続くすごい授業
――滋賀大附属中学校が実践してきた主体的・対話的で深い学び

山田奨治・滋賀大学教育学部附属中学校著　　A５判　188頁　本体2200円＋税

●総合学習の発祥の地ともいえる滋賀大学附属中学校で展開する総合学習の３つの柱、「BIWAKO TIME」と「情報の時間」「COMMUNICATION TIME」の実際を紹介する。総合学習で身につけた知識や技能が、教科の学習をより自発的で参加型のものに変えていく過程、その影響が生徒のみならず教員にも及び、教員の授業スタイルも変化していく過程、すなわち、学習指導要領がいう「主体的・対話的で深い学び」が目指す方向へ変化する過程を紹介する。